CARE
Good Care ,
Good Living

CARE
Good Care ,
Good Living

CARE
Good Care ,
Good Living

care 52

幸福三次方
逆轉勝的人生故事

編　　著：羅秋怡
責任編輯：劉鈴慧
美術設計：張士勇
校　　對：陳佩伶
法律顧問：董安丹律師、顧慕堯律師
出 版 者：大塊文化出版股份有限公司
台北市10550南京東路四段25號11樓
www.locuspublishing.com
讀者服務專線：0800-006-689
TEL：(02) 8712-3898　FAX：(02) 8712-3897
郵撥帳號：18955675　戶名：大塊文化出版股份有限公司
版權所有　翻印必究

總經銷：大和書報圖書股份有限公司
地址：新北市五股工業區五工五路2號
TEL：(02) 89902588 (代表號)　FAX：(02) 22901658
製版：瑞豐實業股份有限公司

初版一刷：2017年9月
定價：新台幣300元
ISBN：978-986-213-822-9
Printed in Taiwan

幸福三次方
逆轉勝的人生故事

作者：羅秋怡

目錄

序

人生遭遇困難本是常態
看是選擇勇敢面對還是等待

羅漢清／安捷科技股份有限公司總經理

　　我是作者秋怡的哥哥，我比她大兩歲，我們從小家境小康，但是到了民國 70 年，臺灣發生第一次石油危機，臺灣陷入了不景氣，我們父親的公司也在那個時候倒了。家裡雖然不至於陷入困境，但我們的父親遇到困境時，還是力圖振作，給我們做了非常好的身教，當我在遭遇到打擊的時候，總是想起我父親微笑的臉龐，告訴我：「沒關係，再努力看看就好了。」就像這本書裡寫的：遇到困境的時候，是選擇勇敢面對？還是等待？

　　秋怡從北一女畢業之後，考入了輔大社工系，然後在大三時降轉「應用心理系」。那時家裡實在沒有能力負擔私校的學費了，竟然還多花一年的學費來降轉；事後證明，秋怡的選擇是正確的，她的確因為這

個決定走上了幫助人的道路。她在馬偕醫院工作的時候，獲得了一個機會，可以到美國大學深造，學習更高深的心理專業知識，她也如願的進入了賓州大學的心理系，專攻特殊兒童心理教育。想起這十幾年來，秋怡辛苦的在這個專業領域，慢慢的有了一些成果，而且在社會的公益上面也花了許多心力，例如幫忙法院進行一些涉案人的輔導。總算是對於她的志願：幫助需要幫助的人，逐漸在實現當中。我很祝福她！

　　我的父親生意失敗後，正好到了我當兵的年齡，退伍之後我在一家公司上班十年，結果上班的公司也遭遇到事情倒閉了。這時家裡的開銷是我在負擔，原本就不是很餘裕的生活，更顯得拮据了。這時我把房子拿去銀行抵押，跟伙伴一起創業，想想那時還真大膽，結果遇到 2003 年 SARS 危機，公司的業務遇到困難，原本以為撐不下去了，沒有想到，遇到一次機會，讓公司有機會度過難關。從此一帆風順了嗎？當然沒有，在創業的過程當中，困難險阻一次一次的襲來，總是在最艱難的時候，一次次的化解。

　　雖然經過了許多事情，但是想起來老天爺還是滿

照顧我們的。安捷公司 1999 年在台北淡水成立，主要
產品為電磁加熱元件，公司初期員工不到 30 人，直到
今日，臺灣加上大陸的員工超過 1000 人。主要外銷地
區為歐美、日本及瑞士，在業界是主要供應商。如今
回頭看，人的努力是必須的！如果 18 年前，沒有選擇
創業，或是創業沒成功倒掉了，今天我們對命運的看
法應該是完全不同！換言之，不論結果為何，沒有試
過，怎知結果？努力的人，才有機會感謝老天爺的照
顧。所以人生遭遇困難本是常態，端看你是勇敢面
對？還是等待？

　　臺灣有句古老諺語：「想就有步（方法），走就有
路。」在人生遇到困難險阻時，除了要有好的心理素
質，能夠將這些困難都當作老天爺給我們的考驗，還
有腳踏實地的一步一步的去做，我想事情都可以獲得
轉圜；就像書裡面寫的，20 個人的親身經驗，有可能
是我們也遭遇過的。例如家庭的問題，親人間的問
題，詐騙的問題。本書用當事人的角度來讓我們體會
遭遇困境時的無奈，懊悔，氣憤，後悔，雖然，每個
人的想法都不一樣，但是遇到問題時，每個人的心理

狀態是相同的。

　　秋怡藉由本書提出心理師專業的看法跟建議，讓讀者可以參考，甚至獲得解決問題的答案，是非常值得參考。尤其是當面對自己無法度過的難關，能夠找到宣洩出口，能夠幫助我們的親人、朋友度過困難，不要一直陷在自己心裡面的漩渦，才能走出來。最重要的是秋怡提出看法、建議，就好像心理師在我們身邊一樣，在我們遇到類似的問題時，能夠用更積極、正面的想法，來解決問題。這是這本書可以帶給讀者的效用；就像書裡面所講的：「要活著才有希望。」

　　希望我妹妹用她經歷過、實際的例子，把這些真實的故事寫出來，可以讓讀者在遇到類似的狀況時，可以有一些啟發，或者是慰藉，甚至是方法來獲得解決，可以讓情緒獲得宣洩，不好的事情獲得紓解，能夠幫助更多的人，我相信這是作為心理師的妹妹最期待的效果。

　　祝福所有的讀者，能在闖關過程中越挫越勇！

人生從谷底翻身的逆轉勝

曾怡靜／大業國際法律事務所合夥律師

從事律師工作多年，進出事務所的客戶們形形色色，和心理師一樣，我們的行業注定遇見許多不同的人生與遭遇。在案件進行的過程中，圓滿解決，是我們努力的終極目標；但在開始處理事情之前，得先處理情緒。

我深深地覺得，情緒管理與轉念的能力，是得到幸福的重要課題。許多紛爭進了法院仍然無解，歸根究底，因為表面是訴訟案件，但實際上是感情糾葛（包含親情、愛情、友情）；這類案件，不只是家事案件，各種案件都有。

許多人深陷於情感的糾纏，不管是家族、婚姻、子女、朋友的感情糾葛與計較，身為旁觀者看到的，是當事人被心魔纏繞，無法自拔，執著以法律程序，

追求其主觀認為的正確。在法條中、訴訟程序中，提出不是真正問題癥結點的訴求與爭點，而法官、律師，在過程中陪同艱難地探求當事人的真意、尋覓真相，各方在過程中疲憊不已。

　　2016 年，我所屬的台南東南扶輪社進行「生命橋樑助學計畫」，為經濟弱勢的 15 名大學生，提供了包含獎學金的另一個機會，希望藉由追尋自我的過程，讓他們產生內在的力量，進而改變他們的未來。從面試、上課、達人分享、模擬面試到結業大約 4 個月，有著不同困頓經歷的孩子們表示：最希望得到人生從谷底翻身的逆轉勝親身經歷分享，過程中我看到初始的自卑膽怯，逐步化為勇氣自信；初始的迷惘失措，逐步化為築夢踏實；我也看到了縱然是前路難行，他們也將勇敢面對，這些孩子，也讓我重新認識到勇氣的力量。

　　於是，看到本書秋怡以心理師的角度，提供了翻轉人生的故事，為真人真事血淚交織而成，深受感動。受苦的人很多，彼此打氣支持，更能獲得勇氣；借鑑他人故事，更能獲得智慧。希望能鼓勵更多在困

境中的朋友們，勇敢跨出改變的第一步，再一步，更一步；懷抱著勇氣，縱然曾經低到塵埃裡，只要持有來日盛開的意志，就有逆轉情勢的可能，獲得美麗人生。

一般人常將成就等於幸福
是造成不幸福的重大因子

莊一全／嘉南藥理大學生物科技系助理教授

　　幸福是人生終極的追尋，幸福是美妙的符號，擁有幸福比你想的簡單。

　　人生大約在三萬天的時間框架進行。我們都有基因、成長條件、機遇上的差異，也根據過往經驗對未來做不同的選擇。個體在社會化的過程，想要擁有的每一個成果，都可能要投入機會成本、金錢、智慧、勤奮、情感等資源來經營，逐漸把我們的擁有，從比較原始的情況，建構成比先前更合乎我們的期待、更美好的狀態。

　　幸福是一種高持續性且美好的感受，絕對幸福似乎並不存在，相對幸福變成我們可以極力追尋的目標。我們很難從外在去找到理想的幸福世界，即使握有巨大資源的富豪、總統、帝王，也有很多煩惱，而且似乎比平常人更多。 我們常追尋比自己能力或現況更高的目標，

稱為「進步」或「出息」，得失之間，經常會誘發情緒。若從內在尋找，如果我們能夠把慾望和能力保持在平衡關係，傾向維持在自我肯定的狀態，並對時局變化有應變的能力，就能把自己維持在相對幸福的狀態。

　　我們常常忽略自己擁有的幸福，也忘記感恩別人對我們的偉大貢獻。不是每個國家都有優質的基本生活條件，與安全自由的環境，別人幫我們建構幸福現況，我們也幫社會未來幸福做出貢獻，如此幸福才能永續滋長。幸福者相對於旁人狀態，具有比較少的苦和比較多的樂；追求幸福和追求成就並沒有直接的關係，但一般人常將「成就」等號於「幸福」，這是造成不幸福的一個重大因子。

　　人如果能盡力理解自己與發展自己的專長，並且能透過自發性的社群協作，往往能產出比個人獨自努力更偉大的事物。個人的優點加上別人的優點，才能一起創造出更高的價值，但此時協調雙方的慾望與適切的成果分配就會變得很重要。分配不當的結果，將會破壞未來合作基礎，也常讓人感到失落和挫折。所以社會過程的學習和適應也左右著幸福的指數。

　　人生可能會經歷許多意外，甚至讓當事人失去比想到的更多許多，甚至對一生建構的社會價值都產生懷疑。蛻變重生的過程非常艱難，在情緒的谷底、詐騙、財務的邊緣、人財兩失、離婚與後續問題、未婚懷孕、媽寶、家暴、過動症、親子衝突、二代接班、自殘、自殺、地震天災……局外者不容易理解當事人的掙扎，當死亡和絕望烈焰已經習以為常，如何放大希望的微弱星光，讓未來可以逆轉遇見幸福，需要巨大的意志努力和社會協助。

　　「研究幸福」是最幸福的事，要怎麼遇見幸福？擁有幸福？秋怡從心理師陪伴的歷程，逆轉許多人生絕境，重新遇見幸福：在斷壁殘垣的廢墟中，讓奢侈的幸福種子從心滋長。本書採用實境筆觸，讀者彷若親臨事件現場，看見逆轉關鍵。

　　現代心理學高度發展，許多人生難解的問題，若能得到心理師的協助，可趨向最佳解法。我們必須理解人的社會，所賴以決定的那些力量和原則；因為原則每每會自我堅持，任何事物到自己的滿意點，就會有幸福感的浮現。只要本著真實、公平、兼顧彼此利益、促進親

善友誼的核心原則處事，會發現追求幸福有方法，幸福可學習，幸福可成長，不幸可逆轉。秋怡用故事寫出幸福的藏寶圖，請大家用心尋寶，你也可以成為幸福中的一員！

把痛苦變成成長
把眼淚變成微笑

羅秋怡／自序

　　我們追求的幸福是目標，是個過程，不是靜止的常態。

　　每個人的每個階段，要往幸福方向走去，常常都是費盡千辛萬苦。每一個人生階段，當遇到困境，苦不堪言時，都認為自己被遺忘在世界的角落、沒有人願意聽你說話。逆境可能使人一蹶不振，走上自殺、自我毀滅、酗酒、吸毒、暴食厭食、揮霍時光、自甘墮落，但也有人卻在陷落谷底時，找到逆境重生之道，跳了好幾級，變化出令人刮目相看的人生。

　　難道他們會什麼魔術？那些人，他們是如何爬出地獄幽谷？他們是如何轉換認知思考？他們對人生對自我的理念，哪裡不一樣了？他們做了什麼，讓人生的苦，不再那麼苦？而那些人，可能就是我們身邊看起來「再

平常」不過的人。

　　每個時刻的到來，不論喜不喜歡，只要人還在，時間還在進展中，所有的保護因子與危險因子，在時間演進中相互加權與變動，眼前的「好」不一定是以後的「好」，同理，現在遭遇的「壞」也不一定是以後的「壞」。完美主義者可能無法忍耐眼前一丁點的污點，而韌性足夠者，不怕一波一波的挑戰來襲。

　　當我還是一個小孩子時，對大家族裡的人際互動，就很敏感，大人對我們小孩的告誡「有耳沒嘴」，成為我觀察的重點，在不同家人前聽到不同版本的故事，好奇不已，比電視演的還精彩；長大後，看到家人、親戚，完成很多艱鉅困難的任務，常常在心裡頭暗自佩服。

　　每一件都很難，是要如何克服這些？例如家族企業管理問題的更新、上市公司重整、不靠爸的兄長勇敢辛勤創業、走過家庭婚姻的紛擾、選擇志願不隨波逐流、多年抗癌等等。艱難挑戰範圍大者如管理百千人的公司，範圍小者如汰換個人的細胞組織……這些潛移默化，讓我對人的心理產生濃厚的興趣，高中時就立定志向，將來要走助人的路，參與人如何翻轉，把痛苦變成

成長，把眼淚變成微笑。

自 1989 年輔仁大學畢業，在馬偕醫院精神科工作，1996 年榮獲馬偕公費到賓州大學進修，取得碩士返回醫院繼續工作，至今從事心理治療工作已 27 年。每一年都有各種難以言喻，難以歸檔的特殊案例在持續進行中，身為臨床心理師，有機會跟個案一起相處工作，個案看似來求助，事實上卻是我自己從個案身上學習更多。

更多時候，我們一起經歷走過的人生瓶頸，17 年來門診的心理治療室，送往迎來，只要看到個案再來或沒再來，都是令人欣慰的好事。來的表示還在奮鬥，沒來的可能是可以靠自己了；只要仍是活著的一天，改變的機率是不會消失的。

離開馬偕到臺南開業後，工作的型態改成走進社區，翻開報紙，看到社會版新聞都可能是我們要工作要協助的對象，難度更高。從北到南、從都會到鄉間，工作方法也許有所調整，但對幫助受苦的人走出低迷幽谷的初衷，不曾改變。地域、城鄉差距、文化語言因素加入，為了想要更紮實的服務，2008 年成立「上善心理治療所」將近十年來，拉起了在地心理服務的網絡。

　　寫這本書除了整理，也是記錄，更是鼓勵所有在艱難中前行的朋友，一起繼續努力。我也常接到很多家屬想幫他的家人重新站起來、向前走，無奈當事人沒有動機與意願。讓人翻轉的方式技術有很多種，就是很難用在不同方向、沒有意願的情況。也許時機還未到，也許吃的苦還不夠，直到有一天苦主自己立地發願：「要給自己預約不同的人生下半場」時，專業協助的力量才能得以發揮。

　　這也好像是，叫人家愛你是困難的，但愛自己是有機會可以透過學習而來的。人生在世有90%至少發生過大型挫折，小則失戀、大則遭遇天災人禍，瞭解沒有人可以倖免，瞭解人也都有復原力（Resilience），遭遇重大創傷，它是一種生命韌性，是一個人面對各種情況時，無論處境有多艱困，都能堅持下去的一種能力。

　　這種潛在的能力包含抗拒逆境，與正向建構未來的能力。就算還沒開始專業的心理諮商心理治療，也不要把自己往死裡推，一旦這樣的能力開始培養，會協助我們度過很多難以預料，甚至原本以為撐不下去的特殊時光。

　　因為幸福不是天注定，在時間軸向中，我們在保護因子與危險因子中穿梭，若能更有自覺的掌握與善用，那麼在逆境低潮中，人生都有第二回合，看個人拿什麼來挖掘與開拓出自己可以勇敢往前行的路，整頓再出發。

　　在這無數個案來去的諮商會談室，心理師見證這樣的起承轉合，一起經歷轉化困境的故事。人生不必重來，往前走便是。最後，書內文中的當事人，可辨識身分的背景細節，均已改寫，如有雷同，純屬巧合。

前言

關於「心理師」這一行

心理師常被問：「你知道我在想什麼嗎？」

問這話的，可能太抬舉心理師了，以為心理師都是「未卜先知」。熟了就知道，心理師工作時，頭腦感官才會開機。如果沒事像雷達一樣一直偵測人家在想什麼，那是胡思亂想自找麻煩，心理師可能早早報銷了。

心理師天天聽人倒垃圾、訴苦抱怨
自己會不會瘋掉

如果是瘋掉，可能是因為別的事，不大可能是因為工作上的事。工作是一項任務，不是把個案的生活當作自己生活的全部。如果把工作跟生活混在一起，

可能是剛開始步入此行，還是菜鳥階段，還無法學會分割；一時間很難習慣社會階層百百種，只要人還活著，誰都會有困擾。

　　人在困境中，都需要些陪伴，可以來自家人、來自朋友、來自社群，各有不同程度方式的陪伴，而心理師提供的專業陪伴，是有方向有策略與技巧的。幫個案在愁雲慘霧中抽絲剝繭、撥雲見日，協助個案力量成長、學習克服的過程，短則幾次，長達數年。若沒有學習到分割個案生活跟個人的生活，長年累月下來，心理師都會活在還沒解決的事件中，憂愁到無以度日。

　　準心理師們讀完相關系所、實習結束、考到執照，只是開始而已；心理師在執業生涯中，每年必需不停進修、個案研討、上工作坊、被督導，確保做諮商工作時能夠真正幫助到個案。尤其這個行業，心理師的本人，是「工作的工具」之一，沒有好好照顧，便無法提供個案良好的支持與方向。

　　大家都以為，計時收費的心理師是高收入行業，但事實並非如此，不但不是獲利豐厚的行業，而且還

有基本要守的規範，包括保密與倫理，道德操守要求算是高的。願意從事心理師工作的人，對人具有一定的熱情。不過，光只有熱情也還不夠，得進入個案的內心深處、焦慮根源、家庭現場......得跟個案建立一個彼此信任的「合作聯盟」，有了工作的位置，加上專業技巧以及深度的同理心，個案借心理師的一時之力，包括重新對問題的省視、系統間的合作與改變、慢慢疏通困擾，最後找到出路。

　　這個通力合作成功的過程，就是非物質的豐富報酬，無法用金錢衡量。每每看到個案走出一條活路，不再打死一個又一個的結，與個案互相激盪出的欣喜、快樂、平靜，這種向上的動力，不只是讓個案獲救，也是心理師被滋養的成長。

　　因此，別再問心理師用什麼「神力」來改變受苦的人了，有一半的神力，是來自受苦的人，自己決定走出來，和心理師一起協力重見光明。若不是當事人的努力，對於改變作用的發生，心理師都只有一點點的微乎其微。個案只要願意改變，既然受了苦，就希望那個苦，最後仍是發揮了「代價」的。

心有千千結，找心理師會好嗎

　　諮商模式千百種，心理師各有專長，不論是什麼取向派別，只要能夠協助到個案，就是好的派別。找到適合的心理師，需要一點嘗試、一點尋找，請人推薦都可以，只要個案開始認真面對，問題總會開始被追蹤，被縮減。

　　「什麼時候我會擺脫束縛？」

　　有關這個「何時」的問題，並非三言兩語可以回答。但可以確定的是，一旦開始處理了，就可能比較接近會越來越好的那一端。

　　我們無法妄想著問題自己會自動消失，有時候什麼都不做，等著等著，小問題會滾成雪球般令人無法招架，甚至發生更多的「共病現象」。本來只有一件事，後來接二連三的迸出更多事件，已經跟原來的問題不一樣了。

　　例如兩歲語言發展遲緩，等到四歲、五歲還不做治療，結果錯失治療時機，不但語言發展遲緩，連社交互動都發生了障礙，智能連帶都受到影響。往往，

不會好的主因，太多是「把時間拿去等待，而不是拿來面對」，非常無奈！所幸只要有心開始面對，態度、方向對了，問題就再也不是問題。

心理師工作的策略

　　一開始介入時，除了要瞭解個案問題的歷史，嚴重程度，試過哪些方法，哪些是有效的，哪些是無效的，還要評估個案所處的局勢與環境中，有哪些屬於有利因子與哪些不利因子，優勢與劣勢權衡與相較，綜觀個人擁有的能力與資源，目前身心狀態，與人生的發展階段。

　　假設個案要改變，計算著各個面向的互動與牽引，從哪裡著手，可能發生成功的比率最大，就先從那裡開始。若對象是兒童青少年，跟他的家長一起工作就特別重要，有時工作對象還包括學校老師，以及跟孩子有關的社福單位，有時是社工、法院、安置機構等等，都要納入考量，方法才能周全。

　　即便是相似的問題，但在不同人，可能呈現完全不同的工作模式。例如失戀，年輕人的失戀與中年人

的失戀，意境不同，結果也會不同。發生外遇問題，也不是離婚就比較好。同樣發生自殺意念，女性講起來，與男性講起來，危險度也不盡相同。危險因子有它的計算方式，通通叫人想開一點，不一定是能換來等值的開心，有時更像敷衍了事，會在無意間傷到人。

　　心理師妥善操作個案眼中的「問題」，讓看似不好的危機變成「轉機」。

　　如果年輕人沒有失戀過，他可能不會發現真愛；中年人的外遇，只有離婚一途嗎？若牽涉失去財產與小孩，身心俱疲，需要協助的面向，就不只是要愛不愛的探討了。女性常常說心理的苦，說到「想死」，可能是個形容詞，但男性因不擅長訴說心事，說到想死的念頭，可能真成了「付諸行動」，不是想想而已，發生的機會可能真的變大了。

心理師的診很難約嗎

　　不會的。

　　自費可以約得快，健保費用低，排的人多，約診的時間當然會比較久。民間還有各大相關基金會／協

會，也有提供諮商的支援，只要符合基金會／協會開案的條件，他們會代為轉介或安排。有些大公司、公務機關單位、學校，也都有特約的心理治療或諮商所，需要的人一定要打聽。

費用不便宜吧

費用一定比人生一團糟來的便宜！

不知道可以改變生命的結局、打開婚姻的枷鎖、促進孩子的學習力、擺脫壓力的困擾，值得多少時間跟金錢？每個人的人生只有一次，要待在泥淖裡匍匐前進？還是提早出汙泥退場？哪種人生還有翻轉餘地？一味的自暴自棄，等想找人時，不知道還有沒有機會？還有沒有辦法？

諮商，是來聽心理師開釋的嗎

開始諮商後會發現，大部分都是個案被提問，個案想原委本末、個案回答；因為主角是個案啊！

充分釐清後，個案心思將更清明，要做再困難的決定，也呼之欲出了。心理師不會幫個案做決定，也

不會指揮操控個案，重點是給個案時間，要一起看清
楚問題，要「找對方法」解決，要自我提升成長，這
樣找心理師，就有機會讓個案從內而生，慢慢找出破
繭而出的答案。

第一章

幸福，是個目標

「什麼是幸福」?

答案因人生歷經不同的發展階段、不同狀態,時有翻新。從基本的生理需求、安全感、被愛與認同、建立家庭、知識學歷、利益名聲、權勢等外在成就感,到生命意義的追尋及自我實現。渴望幸福無可厚非,然而追求幸福的途中總是不預期的遭遇阻撓及危機。世事難料,有時遇上人為的陷阱,重摔一跤。

受害者被摧毀的不只是有形的金錢財物,恐賠上難以估計的無形代價,若因此一蹶不振,已經不是數字可以衡量。那些是自尊心破碎,自責懷疑、對外界失去信任,自我封閉的陰影與創傷。尤其是學歷越高、年紀越大或被騙的錢越多的受害者,越難啟齒、越走不出傷害,也越不敢求助。

　　這幾十年來臺灣已成為詐騙者的天堂，九成以上民眾接過詐騙電話，多少人因為被騙而陷入痛苦深淵，賠上一輩子的心血。根據警政署警政統計年報，2014年時臺灣就破獲 15172 起詐欺案件，詐騙金額估計超過 40 億。

　　騙的型態，早期是金光黨抓住人的貪念，以小錢釣大錢。後來全民個資被盜賣，詐騙者推陳出新，讓人防不勝防，不論是以健保卡鎖卡的名義；還是假借法院的傳票，說帳戶被凍結；或是網路購物被分期了；小孩被綁架了；或是以戀愛、婚姻之名……可說花樣百出、應有盡有，利用的是當事人對法令的不熟、沒有時間求證、一時不查，就損失了大筆的金錢，有的還是自己親手操作 ATM，把帳戶的錢轉出去。損失金

錢固然令人心疼，更多其他被騙走的項目價值，難以計算。

詐騙者操弄著一般人對追求幸福的渴望，使用精心設計的話術、技巧，矇騙使人掉進了圈套。我們社會氛圍對於詐騙者的懲罰低，有些人認為詐騙是「輕鬆、高報酬」工作，得手快，累積金額高，是受害者難以啟齒聲張，說出來反而被責備被恥笑。

騙子就在你身邊，往往遇到才會恍然大悟。遇到騙子的受害人，自我反省可以，但別再深陷自毀循環，生出更多的危機。不論是憤恨、自殘或逃避，事情只會繼續惡化。走出狼狽不堪的損失，不被啃食掉往後的人生，逆轉勝不是不可能。

保護因子就在於化羞愧為力量，反轉自怨自艾，

再度盤整與檢視幸福的定義、人生的意念與動力；遇
到了怎麼辦？勇敢走過便是！

走過騙局

被詐騙的受害人，往往很難言喻為何會發生這樣的事情？親朋好友的同聲責備，讓受害人備感孤單無援。事實上，不是受害者呆，而是騙子集團已成企業化經營，處心積慮的尋找目標，分門別類針對老人、退休族、視兒女如命的父母親、網購族、GAME族、單身族、上班族、軍公教、宅男宅女們，推演出各式各樣的公式……

妳是怎麼發現被騙的

張小姐是一位護理師，生活範圍單純，每天超過十小時待在醫院，十幾年來過著上下班、輪班、假日在家補眠，一成不變的規律日子。十五個年頭不知不覺的已經過了，沒有什麼特別的花費、也沒什麼時間

去花費，慢慢的存了一百多萬。自己獨處時，張小姐不免期盼：「也許有一天，會遇到喜歡的人，跟他結婚生子……」想歸想，在什麼影子都沒看到時，日子就在上班、下班、回家中飛逝。

有一年參加同學會，同學們結婚抱小孩來的坐一桌，單身的自然湊在一起，聊感情的大小事。張小姐的同學問她有沒有對象，又很興奮的介紹現在有哪些網站可以上去認識人，可以自行斟酌要透露多少，所以比較不會尷尬，只是會遇到什麼樣的人要自己小心。

張小姐透過同學的示範，註冊了一個帳號上去瀏覽，發現各年齡層、地區、工作類別，真的應有盡有。工作之餘，就跟雲端的朋友，互相聊個幾句。黃先生就是這樣一開始不是很熱絡，但後來天天聊天，直到第一次見了面，好像陌生又熟悉的感覺，像微醺。縱使透過電腦分享很多自己的事情，但見面後仍須適應一下，畢竟這種難得的奇妙緣分，不知道是否叫做「千里姻緣一線牽」？

張小姐心思單純，對於黃先生所言的一切，不疑有他，黃先生坦白表示：「雖然結過一次婚，但對未

來，仍有很多美好的憧憬，而妳就是我能抓住未來的希望。」他說不想一直陷在失婚的痛苦中，正因失婚過，更知道將來如何經營婚姻，怎樣可以避免錯誤。

　　黃先生放低身段，不停的說服張小姐，不要嫌棄他，只要他們有心要建立家庭，一定可以克服很多難關。張小姐從不曾如此強烈感受到被需要，甜言蜜語背後有多少真實，說真的、張小姐不那麼計較，以為黃先生的款款情深，就沒有吃不了的苦，她「真的」可以解救他。

姻緣不是要及時把握的嗎

　　一段時間後，張小姐不知道該怎樣向家人介紹黃先生的出現。冷靜時，張小姐也知道他們可說是毫無共同點，但她相信這段時間只是磨合期，再來就會變順了。

　　如果不是黃先生鍥而不捨，張小姐也很懷疑，他們有什麼籌碼可以走進禮堂？黃先生總是說：「現在是我最落魄的時候，要不是遇到妳，我是走不出來的；為了妳，無論如何我都將會東山再起。」張小姐看他

一片炙熱誠心，深受感動。只是這種感動，在家人見過一次黃先生後，立刻被質疑得體無完膚。

家人問：「你們是認識多久？他的家庭妳熟悉嗎？」張小姐詞窮了，懊惱自己答不出來，也很不高興家人用世俗的眼光來判斷。逐漸的張小姐也跟家人疏遠，心裡想自己都已經三十好幾了，又不是小孩子，如果連選個男人都要等到家人認可的點頭條件，可能要等到下輩子了，自己的姻緣還是要及時把握。

黃先生一直鼓勵張小姐做自己，有時後候也流露出被批評的落寞悲情，這似乎勾起了張小姐的母性，為他覺得於心不忍。張小姐一來同情，二來很想安定下來，最後兩人決定辦一場沒有家人出席的婚禮，想到這裡，張小姐覺得自己有種悲壯、大無畏的勇氣。

張小姐用在醫院俐落做事的習慣，很快找了家餐廳、拍了婚紗照、做了限量版喜帖，邀了幾個同學參加，大家到場後才發現，主桌竟沒有家屬？這個時候，新婚的黃先生黃太太口徑一致：「終身大事，朋友的支持比家人還重要。」沒有雙方家屬親戚出席，好友們雖感到不尋常，但也沒多問，畢竟是婚禮啊！

　　婚禮結束後，張小姐又回到繁忙的工作中，黃先生也說事業在南部要打理，兩人都是聚少離多，也沒有安排度蜜月，因為婚禮的花費都是張小姐先墊的。張小姐認為這些都是小事，既然走的不是傳統路線，也就不拘泥按表操課的所有程序。

　　只是婚禮過後，張小姐逐漸發現有些事情真的不太對勁了。例如，黃先生脾氣變得不穩定；又發現黃先生有些苦惱事情。幾經逼問，黃先生才說：「為了想給妳好印象，婚前投資一些股票卻失利。」他很懊惱，也不敢問張小姐是否願意幫他周轉？因為才剛再婚，也沒有交出好成績，怎麼好對新婚妻子開口。

　　張小姐不忍心看先生焦頭爛額，願意先拿私房錢給他周轉，黃先生才鬆開緊皺的眉頭。表示他一定會盡快還，不要把他看成魯蛇。錢與魯蛇，都是敏感的字眼，只是張小姐當時無感。結婚後，張小姐不但跟以前一樣負責自己的開銷，黃先生並沒有盡到任何養家的責任。只要一談到錢的話題，黃先生立刻垮下臉，表示他這一輩子受夠被人看不起；他只是現在還沒有進帳，他比任何人都急。

日子一個月一個月的過去，黃先生說要去大陸談一筆生意，談成了，就可以連本帶利把周轉的那一大筆錢還給張小姐。去大陸後，黃先生的聯絡越來越少，沒幾個月，就人間蒸發般斷了音訊。

「他」到底是誰

張小姐一開始沒有特別注意，而是在他這個人整整消失三個月後，才有點警覺、懷疑，該不會是「落跑」了吧？這樣的感覺日益加深，張小姐很害怕。她才驚覺到，她還沒去過黃先生的家、他的公司，沒見過他的親友、同事們，她甚至不知道，他交往期間給的住址是否是真的？

張小姐找不到黃先生了，要問誰？她開始驚慌，上班時盡量維持著正常，下班回到家，苦惱透頂也不敢告訴任何人。回想起家人對黃先生的質疑，反對他們結婚，原來家人的直覺是準確的……只是當時張小姐無法接受，現在她陷入悔恨之中，沒反悔藥可用了。

這幾個月，每夜張小姐輾轉反側、失眠、焦慮、怨懟，終於前來心理諮商。據說她原本是有張清秀的

臉，如今眼前是一張花臉，都被痘痘掩蓋了，臉色憔悴，血色不足，不知道是多久沒見過陽光了。

是不是這一切都是自找的

張小姐在會談中經常憤怒，責備自己瞎了眼，認為自己自作聰明，辦什麼自以為「不落俗套」的婚禮，結什麼自以為「做自己就好」的婚禮。她甚至還不確定是否被黃先生設計了，越想越難過，越想越生氣。是不是這一切都是自找的？有時邊哭邊罵自己是個笨到沒藥可救的花癡，才會傻傻被騙。所有充斥在腦海中的，都是黃先生那套如今看來十分可笑又可悲的「人要自立、自強」自導自演的說詞，原來自己竟沒頭沒腦、毫無防備、不知不覺的就栽進這個陷阱了？魯蛇換成自己，是多麼不堪！

「竟然遇到老千，黃先生原來是個騙子！」

「自己送上門被騙，可恥啊！根本就無臉見人！」

張小姐封閉自己，除了上班不得不出門，其他時間都躲在家裡，無法動彈，一個勁地鑽牛角尖，幾乎要瘋了。張小姐拚命點閱所有以前網頁留言，用與黃

先生可能連結的關鍵字去肉搜，看看能不能找到線索，也打電話給黃先生曾留下、所謂老家的電話，沒人知道他的下落外，張小姐還被奚落了一頓。

　　人跑了，存款也全數被捲走，什麼借據也沒有，拿什麼告他？魂不守舍的張小姐每天上班像個空皮囊，這場噩夢從開始認識、到黃先生蒸發消失，竟不到一年？怎麼會這樣？是被下了蠱？還是著了魔？黃先生不是帥哥、也沒有錢、更不年輕，怎麼會這麼扯？自己到底在圖什麼，只要是正常人，都不會犯這種錯誤，張小姐越想整個人就越絕望。

　　人去樓空、人財兩失，恢復理智後張小姐對於自己卻是極盡數落、百般自虐，每晚吃鎮定劑的劑量也越下越重，讓她覺得黃先生對她所說過的每一句話、所傷害的每一件事，都像不斷加重綑綁在身上的石頭，讓她沉入萬劫不復的海底。發現真相是痛苦的，哭不出來的張小姐，眼神是茫然空洞的。

　　身為一個護士，難道幫病人幫家屬做的好事還不夠多嗎？為什麼會遇到騙子？網路世界多虛幻，網路男蟲騙人的新聞案件不計其數，只是沒想到平凡無奇

的自己卻成了別人口中的受害者，而且還是自找的，看到醫院裡那些反詐騙的宣導，張小姐心痛、難以自容。

「要死，也不想死得不明不白。」張小姐在差點給錯藥的幾次錯誤後，嚇出一身冷汗，如果沒有及時發現，萬一吃錯藥的病人何其無辜？如果病人因此健康受損，是不是被黃先生設計套殺的不只自己一個？無論如何要把這個壞蛋揪出來，就算魚死網破，也不該是由張小姐跟病人來陪葬。

連續差點給錯藥後，讓你願意面對現實重整自己

張小姐很不好意思點點頭：「一直沉溺在自怨自艾之中，對不起家人、對不起病患，自己想不開就算了，也不能這樣拉了莫名其妙的病人當墊背。太愧疚了，所以逼自己從憤恨的深淵跳了出來。」

冷靜、理智後，張小姐一心要知道自己是怎麼被坑的，打聽到黃先生曾用不同身分、改名換姓，便沉著開始追蹤調查，把所有得到的蛛絲馬跡串連起來求證，逐漸拼湊出這條男蟲的玩弄哄騙手段，更令人震

驚的是，不同的受害者在追查中接連現身，遭到誘騙的手法幾乎大同小異。

張小姐似乎從詐騙中死而復生，脫胎換骨，原來單純的只知道埋頭於工作中，不但失去與社會接軌的能力，不食人間煙火到不知不覺中成為騙子帝國挑中的肥羊。攤開報紙，這類事件仍持續不斷的發生，但之前，從來不會引起張小姐的注意，直到自己被宰割之後。

走出事件後的省思

恢復清秀臉龐的張小姐，臉上已經沒有痘痘的坑疤，還能見到她略帶羞澀、久違的笑容。經歷了人生這天外飛來的一場浩劫，張小姐說：「很奇怪，我發現，以前工作時，是想著什麼時候可以下班，這件事過後，想的是病人的痛苦今天減少了沒？我還可以再為他們多做些什麼。」

走過那滿腹冤屈、難以啟齒的痛苦過程，就像部分的自己被硬生生的活埋，被狠狠刻骨剝皮後，張小姐終究勇敢的面對現實：「走過來、活下去，才發現，

能再度感受到朗朗晴空的美好，原來最該死的不是自己，在經歷不可理喻的折難還能活下來，能再度感受到家人還在，原來，這才是幸福真正的滋味。」

如果沒有下決心求助，事情又會如何

我們一生當中，遇到一次壞事的機率是 90%，大家都有機會，都遇得到，重要的是——怎麼從爛泥潭裡走出一條活路，讓自己變得更勇敢堅強。

大部分遇到愛情騙子的人，通常自責、苦不堪言，自我怪罪的想法，日日夜夜不斷的反芻，大大的打擊自信，身陷自我否定的危機。無法再度相信外界所有的人、事，家人也可能因傷心憤怒，通常都不會好好講，先痛罵糊塗受害的自家人，這是有危險的！

出事的人，可能也正在自責悔恨、難以原諒自己，家人熱烈討論與冷嘲熱諷，足以再將受傷的人推往深淵。

　　願意給予支持與理解，將會是足以讓當事人慢慢恢復的立足點。諮商是一種使當事人願意講述該事件安全的方式，因為怕家人傷心，或自己內心其實更怯懦，更多關鍵不敢講，例如實際被騙了多少錢？或是還有連帶作保等。有時候騙子也會故意挑撥，使得家人在此事件中受到誤導無法全然中立，讓事情越弄越複雜。

心理師做的不在評斷是非
是引領當事人重新架構眼中的世界

　　是渴望也是弱點，內心空缺的一大塊，一心想要追求安定，卻亂抓填補，也給了不肖的登徒子可乘之機。

　　如果不是遇到江湖騙子，就會成就美好姻緣嗎？

　　也未必！

　　我們多數以為：沒有遇到壞事，就會發生好事。

　　其實未必如此；遇到壞事，我們遲早要被迫冷靜，好好整理自己被哪些慾望迷了心、遮了眼，一時看不到路，那不見得是渴望的錯。有時只在重重摔了一跤

後，才能真正認清自己的盲點，受傷過後，消化了痛苦，留住自己最可貴的善性，重新看世界。愛跟婚姻一樣，兩者都沒有捷徑，不會天外飛來一筆。「30拉警報」？幾歲不是重點。婚姻是個過程，不是婚禮而已，找到適合的人結，才有發展，真的、不要急！

假面師父

當別人誤交損友、誤入歧途時，我們很容易批評他們一時被蒙蔽或誤導，但一向高高在上、備受尊崇的師父，原來不過也是戴上了面具的⋯⋯

當師父被踢爆、被起底

王先生非常沮喪，吃不下睡不著已有幾個月的時間，他說：「從一開始，我是多麼信任師父，但是發生這樣的事情，萬萬想不到⋯⋯」

王先生非常崇拜的陳師父，是信徒眼中的權威人物，具有無邊無量的法力，只要他說東，信眾們都不敢說西，而且整個宮裡數十名道友都有自己不同的功課要修，如果心存二念，很快就會被看出，莫名的會遭到惡靈纏身或是百般不順，例如沒有理由的發燒頭

痛，就算看醫師都不會好。若遵照師父指示，很多疑難雜症都會奇妙的化開，說多神奇就有多神奇。因為看到很多例子，王先生堅信不疑，所以信徒才會一傳十十傳百，每天都有不少的信徒一起入宮參拜。

如果受害者只是王先生，也許可以吞忍下去，但如今卻有耳語傳出，自己的枕邊人也是被陳師父染指的受害人之一；遭遇這種事，對做丈夫的，簡直是雙倍的羞辱！王先生一度不想活，怎麼面對妻子？怎麼面對自己？當初是他拉著太太一起學習，本意是消災解厄，學習淨化靈魂，累積宿世福報，誰曉得當初師父所教的是一套，背地裡又是一套。

不是有那麼多師兄師姐一起學習敬拜、戒慎、吃齋、閉關，每個人看上去都那麼虔誠投入，當初自己為了清淨渡化，不惜睡在神桌下，除了上班時間，都在宮裡，沒有娛樂，還把妻小都帶來，讓師父加持，師父交代的功課，修習內力，不敢怠慢。直到爆發有其他信徒狀告法院，才知道自己也是受害人之一。

記得二十年前，一開始陳師父沒有開宮廟，但因通靈體質，隨意指點都有好的結果。例如某人求姻

緣，去拜了月下老人好多次，幾年都沒有結果，來找陳師父，他不知道怎麼做的，結果姻緣一年後就成功了。也聽說過某某人的身體不好，經過陳師父的拜拜，照著唸大悲咒藥師如來佛經文，加上每天去宮裡頭一起做功課，照著師父指示，原本醫師說要開刀的身體就好起來了。

　　多數人都是這樣結識陳師父，幾年後陳師父要正式開宮廟，受過幫助的就有人自願捐房捐土地，善男信女不約而同齊聚一堂。當初真的不是盲從，但如今看到這個新聞，或該說是超越恐怖片、令人毛骨悚然，王先生的世界幾乎瓦解了。自己也有跟師父買玉，看來是假的，當作認捐就罷了。那麼妻小進宮的這些時日呢？師父到底對她們做了什麼？王先生不敢想。

　　陳師父被檢方起訴後，有人離開了宮廟，也有人選擇留下。王太太告訴先生要離開時，王先生心理就有底，一定有發生什麼。報紙寫的是「性侵」，斗大的字眼鋒利的直射入心臟，讓王先生每天如坐針氈。要問嗎？能問嗎？要怎麼說才好？「陳師父有沒有對妳

怎樣？」「妳為什麼想要離開？」唉唉唉，自己怎麼這麼駑鈍，這話聽起來真的很彆扭，更加顯得自己的多心跟猜疑。

如果太太說有呢？王先生更不知道要如何接下去，難道要去報仇？去翻桌？這些都不足以弭平太太真的有受到什麼的一丁點委屈。

王先生不再去宮廟後，神不守舍畏畏縮縮，太太雖然每天都在家，但兩人無法好好溝通，只能講要吃飯了嗎，無法講真心話。對於王先生想知道的，太太沒有主動告訴他，若想開個頭，太太被逼急了只有咬牙切齒怒目相視。王先生從太太的眼中，讀出兩人已無法回到過去的時光，中間被一大片黑影隔開了。王先生非常自責內疚，做什麼都無法讓時光重來，他的罪惡感並沒有隨著不去宮廟而減輕，相反的，這種不能說的秘密反而更具殺傷力。太太不講什麼怪罪先生的話語，原本是希望事情過了不要再多想，但卻讓先生更難過。

如果太太肯罵你，是不是會好一點

善於忍耐的太太，之前不止一次告訴過他想要回家，按照陳師父的說法，是太太耐不住修行的辛苦，是王先生修行遲緩的絆腳石。陳師父早就先在打預防針：「如果太太說不要繼續，那你之前修的就白費了。」現在回想來格外諷刺。當時太太一定受到很多委屈害怕，也想跟先生示警訴苦，但作為先生的都不接受，她除了忍耐還能怎樣。現在最該死的就是自己，真希望太太不要再忍了，罵他就罵他，他該贖罪的。可是太太什麼也不說，對他來說，就像在加倍奉還。

王先生也不知道人生何時可以卸下這些無法歸檔的痛苦記憶，看著被摘掉假面具，露出真面目的師父遭到檢調起訴，王先生日積月累的憤怒，加上憂鬱情緒，感覺快要崩潰發瘋，更是心疼太太受到的委屈，自己不敢再輕舉妄動。看著太太蒼白消瘦的容顏，橫隔在兩人中間的，恐怕不只一堵高牆。

你準備面對事實的真相嗎
如果告訴你實際發生的狀況，你能承擔嗎

如果王先生無法面對他知道的事實，太太又怎敢告訴他？事實上，發生的事情已經發生，然而未知的是王先生的態度，他應該要選擇表態。他會以什麼樣的角度面對受傷的太太？還是認為自己被蒙在鼓裡才是更加受傷？如果先生的態度是脆弱的，太太要承擔的豈不是無望的未來？知道王先生心疼她是不夠的，也要王先生面對這個心疼，還能更堅強。

堅定而溫柔的陪伴
包括給所愛的人跟自己

越是親近，這筆帳越難算。誰先帶誰，在同樣被蒙蔽之下，怪罪不免，於事無補。但人的情緒是這樣，太太要在先生面前發出，忌諱著先生，先生也是。以至於兩人同是受害人，也同為推開對方的人。

要靠近彼此，必須消化這個奇異事件，而這個事件包藏著以修練為名的傷。以臺灣來說，宗教害人的

案例頗多，雖然媒體常有報導，但每個時代仍有受害人。原因是透過宗教，已經獲得當事人的信賴，既然相信了，又怎會斤斤計較它的合理性與邏輯？於是容易予人機會，得寸進尺，獲取剝削更大的利益。民眾仰賴的神，若沒有透過相信，怎有機會欺近。

獲取信任很快，但當事人發現有異狀，到離開、到檢舉、到療傷，至少都是要歷經好幾年的事情。

某些宗教組織對操控他人心靈有其操作的公式，使當事人逐步陷入，難以發覺。德意志聯邦共和國的薩克森自由邦政府，請心理學家製作《邪教檢查表》，意圖防止更多人受害。與宗教很類似的，例如政治黨派。極端的信徒，不容易看到不同立場的資訊。信者恆信，不信者恆不信，趨向兩極化。

　　不只極端的信仰團體有邪教的特徵，商業界也有，例如直銷或潛能開發中心，在民眾身上牟取暴利。2009 年發生在臺南的麥得潛能開發中心，負責人利用家長愛子心切又捨得花錢的心態，製造來上過課的成員心智成長、成績突飛猛進的效果，又善於操弄團體迷思、隔離家長之間分享資訊，讓家長相信他們對教育很有一套。

　　一群家長們發現異常狀況，包括機構對孩子施予不當的體罰、軍事化管理，外加吞火訓練心智，連負責人的學歷也是假的，最後聯合起來狀告法院，歷經七年的審理，到 2017 年三審才定讞。

　　親子之間歷經麥得事件的考驗之後，家長痛定思痛，向孩子坦承選錯機構。重新省視拉拔孩子這件事，沒有快速的方法。有個媽媽分享，因此事件，原本非常自責，為孩子受到的殘害悲痛不已，歷經七年的煎熬，要不是先生一直默默的支持，沒有口出尖酸惡言，讓她重新體認到家人凝聚力的韌性，最後度過這個大難。

　　追尋人生方向，卻遇到這麼恐怖操弄人心的組

織，不是當事人的錯。成為被害者的單位，有些是單一的個人，有些是一家一家的。因此治療時，不能漏掉事件相關的家人，家人的互相支持與瞭解，是不能缺少的一環。但也有可能太在乎家人，無法坦誠告知真相。害怕家人擔心，選擇什麼都不說，受害之後，最後讓空白填滿了家人之間，成為鴻溝，危險因子仍在。

鼓勵當事人冒點險，一點點就好；不要怕透露那一點的真實！抬起頭，睜開眼，攤開面對自己被把持的弱點，把它變成不再是可以利用的弱點。

《邪教檢查表》　　　　　　李怡志 / 翻譯

位於德國東部，1990 年新成立的薩克森自由邦政府，為減少青少年一時不查加入邪教組織，曾請心理學家彙整一套《邪教檢查表》協助判別。邪教指標有 17 項：

1、在這個團體中，你彷彿能找到過去一直在尋
　找的東西，他們非常清楚，什麼是你在找尋
　的。

2、當一接觸這個組織，你對世界萬物就有了全
　新的看法。

3、這個組織的世界觀非常簡單易懂，一目了然，
　並且可以解釋所有的問題。

4、你很難掌握組織的全貌，事實上，他們也不
　允許你仔細思考或是檢驗。你在組織中新認
　識的朋友會告訴你：「這很難用言語解釋，需
　要親身體會，要不要現在就過去看看？」

5、這個組織有一個「大師」、「師父」、「導師」、
　「老師」、「上師」……只有他能知道宇宙或生
　命的真相。

6、這個組織的教義才是唯一真實的、永遠的智
　慧。社會上的科學、理性思考等，都會被當
　作負面的、惡魔的或是不夠啟發。

7、外界對組織的質疑，反而被當作是組織正面

的證明。

8、這個世界即將遭遇大災害，只有這個組織才知道，要如何拯救地球。

9、參加組織的人才是菁英，其他人都是病態與敗類，除非他們願意參加我們，讓自己獲得救贖。

10、組織會要求你立刻參加。

11、組織要求成員透過服裝、飲食方法、自有的語言、嚴格的人際互動關係，將成員隔絕在社會之外。

12、組織會要求你與過去的生活斷絕關係，因為這會阻礙你的成長。

13、對你的性生活有嚴格規範，例如由「上面」替你選擇配偶、集體性行為或是完全禁慾。（譯注：佛教、天主教是「出家」後才禁慾，一般信眾並無強烈規定。）

14、組織不斷賦予你許多工作，並佔去你所有的時間。你必須賣書、賣刊物、招募新成員、

參加課程、靜坐靈修……

15、幾乎喪失了獨處的時間，組織中的某個人總
會整天纏著你。

16、當你開始懷疑，為什麼組織當初允諾的「成
功」並未發生時，組織會告訴你，是你投入
不夠，或是信念不足，是你自己的責任。

17、組織要求你嚴格遵循教義與規定，這是唯一
獲得拯救的機會。

前妻

「我的前妻、是大醫院的醫生，她娘家爸爸是知名富商、媽媽是炒地皮高手……」邱先生在諮商室的開場白說得有氣無力：「前妻何醫師的爸爸政商關係一把罩，二十年來政府換過藍綠執政，但她爸爸總是能在政商圈中屹立不搖，名聞國際。這也是前妻媽媽心中最強烈的願望——以夫為貴、走路有風、庇蔭妻兒。」

孩子的成績單，就是媽媽的成績單

前妻媽媽從小就一直告誡她：「結婚，一定要找對家庭有幫助的。舉凡金錢、家世背景，或是專業形象良好，都是助力。喜歡不喜歡都還是其次，絕對不要單純到相信愛神的力量，一定要通過媽媽這一關，媽媽點了頭的對象，才算數。」

　　何媽媽辛苦栽培女兒進入醫學院，為了讓她能夠更專心攻讀，在校期間，每兩天親自到宿舍補糧食，水果、飲料、研磨咖啡豆，順便帶走換洗衣物，生活瑣事都由媽媽來打點。如果大家要聚餐，何媽媽樂得擔任司機，載送同學，讓女兒有好人緣。跟同學混熟了，何媽媽會注意他們的家庭背景，看誰家日後對女兒前程比較有幫助，女的可深交、男的可能適合結為親家。

　　醫學院這七年，大家來往密切，何媽媽厲害的地方，是連教授的喜好也摸得一清二楚，有同學就開玩笑說：「何媽媽比我們同組的組員更像組員。」實習跑組那段時間，前妻常常累到一回宿舍倒頭就睡，對於其他人、事物都沒在關心，何媽媽流連宿舍交際的時間比女兒待在宿舍時間還要長。學長們分享的筆記，常被何媽媽借回去，真不知道這麼認真的何媽媽若是來讀書的話，搞不好第一名就是她了。

為什麼前妻媽媽這麼勢利

　　何媽媽把所有寄望都放在前妻身上，堅信唯有從

小成績優異、出類拔萃的前妻，才能平復她的委屈、出心中的一口惡氣。

邱先生幽幽談起往事：

前妻國中一年級時，爸爸飛內地去開疆闢土擴廠，只能在節慶日回來蜻蜓點水似的看看家人。前妻爸爸為了拓展事業版圖長年留在內地，媽媽只得留在屏東照顧三名子女；當初有談過是否舉家跟著到內地去？但媽媽不習慣那邊的生活，況且孩子在臺灣念的學校都算頂尖。雖然小孩都很乖，媽媽偶爾飛過去幾天應該是沒問題，不過媽媽都說放心不下小孩。

前妻爸爸長年不在家，媽媽嚴格盯孩子讀書，但只有前妻成績令媽媽得意。沒想到她爸爸回來的時間，從一年三節回來一個禮拜，到大半年回來個兩三天，後來他說逢年過節更要趁機會打點好關係，幾乎整年都不回家。媽媽嘴上不說，趁著孩子放暑假時，沒跟爸爸說就飛內地突擊檢查，就這樣發現原來爸爸早在當地另結新歡，連孩子都一歲多了⋯⋯

前妻媽媽回來沒有一哭二鬧三上吊，只有咬牙切齒交代：「你們爸爸是靠不住了，你們要上進，我將來

就只能靠孩子揚眉吐氣了。為了幫你們守住應得的家產，我說什麼都不會離婚，他們休想從我這分到半點羹！」

每當前妻媽媽如有不順心時，總抱怨是因為自己長得不好看、娘家家境不好、考上大學卻不能念，為了日後的鐵飯碗，只能讀師專；是想到老來退休還有18趴可以領、有一堆減免可享……前妻媽媽老這麼算計這算計那，只想遠離卑微感，這些都是她心裡的陳年痛處。

國一開始，前妻媽媽督促功課更加嚴厲鞭策，考試成績95分代表不夠用功，98分代表粗心大意……前妻曾問過媽媽：「我拚成這樣夠好了嗎？」媽媽說出口的永遠是：「不夠，要更努力每科拿滿分，妳是老大要做好榜樣。」

雖然前妻爸爸不回家，但家用、孩子們的零用錢也沒少給過，還幫每個小孩都開了戶頭存教育基金、私下給了每個小孩一張附卡，萬一媽媽太摳門，方便他們消費買自己喜愛的東西。前妻爸回臺時，偶爾「社交應酬」和媽媽這個「太太」一起出現，應酬結束

後，在外人面前一起搭車由司機送回家，雖然同住在一屋簷下，前妻爸爸是為彌補對孩子的虧欠，但夫妻早就分房，相敬如「冰」。這已經是他們之間不為外人知的「默契」。

國中時，前妻借同學漫畫偷看沒收好，就會被媽媽不管三七二十一的拿去扔掉，只好用爸爸給的零用錢買新書賠給同學；如果補習晚一點回來，她媽媽就從學校、補習班到同學家電話一一盤查一遍⋯⋯

上了醫學院，前妻眼界逐漸被同學們有趣的生活方式開了眼，誰說人生只能在不斷的苦讀中才能成長？同學帶她去潛水、去 Pub、去尬舞、去夜遊⋯⋯前妻回想自己從小學到高中的十二年，簡直是媽媽操控的戲偶。剛上大學，大家都不是「小孩子」了，為什麼放輕鬆玩一玩還要躲躲藏藏？有次她媽媽到宿舍興師問罪：「醫師執照那麼好考嗎？連續假不會去圖書館 K 書嗎？」

前妻話也不敢回，低頭被教訓的樣子被室友看到了，便直問她：「以後在醫院，妳要發號施令，看看妳這個樣子，能夠讓病人跟家屬聽妳的話嗎？」

終於前妻想開了要做自己

越區考上北部知名高中時，前妻的國中母校非常引以為榮的為她放鞭炮慶祝，可惜她北上的高中三年，不是在學校就是在補習班，對租屋處的印象只有用來洗澡和睡覺……畢業典禮上，連班上同學的名字都還沒記全。這三年，前妻既沒跟住台北的本地生出去玩過，也沒跟外地生一起逛過台北，同學就算參加各種儀隊、樂隊、球隊、合唱團等等，她們的成績也一樣都很好、沒受什麼影響！儘管再羨慕、再商量，前妻在媽媽的高壓下，能擠出什麼時間去參加社團活動？

偶爾同學邀她去家裡吃飯，才發現台北人住的公寓房子，竟然動輒都是千萬的天價？屏東小鎮一棟三層樓的透天厝，也才幾百萬；同學們出過國的不少，甚至也有人家裡直接都講英文；跟屏東太不一樣了，在那裡講話大家都扯開嗓門，若沒夾雜著罵人的台語當口頭禪，一點都不道地。相較於在家，前妻媽媽成天只會把姊弟的成績和別人比來比去，北上三年，前

妻才知道苦讀之外，人生還有許多繽紛的生活方式。

　　上了大學，前妻媽媽老在宿舍晃來晃去，不要說同學笑她是「媽寶」，學長、學弟妹看到也不免指指點點掩嘴而笑。後來實習時，還有教授當她面說：「要不要乾脆叫妳媽也來一下？」大家都笑成一團，前妻心中真的氣惱到極點；這些事當然不會讓媽媽知道，要不然她一定會去找教授。

　　好在她爸爸的名氣大，有時候拿出來講一下，還是有些好處，有時候做點順水人情，可以彌補她不容易交到朋友的弱點。前妻媽媽對數字很敏感，看準鄉下一些土地，就算當時再偏僻，在得知土地變更有望後，搶先買起來放，幾年後地目一變更，賣給建商能賺翻好幾倍。

　　前妻說在屏東家裡，家具數十年使用後難免破舊，她媽媽捨不得換，老車子開到近四十萬公里，常拋錨維修也還在開，她媽媽說萬般皆下品唯有讀書高，念書都來不及了，追求什麼生活享受？到過前妻老家的人，都難以相信這是某富商的家，除了貼在牆壁上的許多獎狀跟還有點顏色的月曆，家裡擺設就是

了無生氣的陳舊。

　　前妻除了成績還可以，長相遺傳到她媽媽，看她在活動場合中總被男生們忽略，眼中流露著不知該怎麼辦的無辜，讓我忍不住過去陪她說說話。談著談著，發現她頂有內涵的，果然真的是人不可貌相；再說、我也不是「外貌協會」的會員。

　　她後來老實跟我說：「醫學院七年，從沒有人來找我約會。難得有男生約，都是來問分組、代班、做功課之類……」所以我這個博班的學長，不在乎外表，只看涵養，讓她感到十分的溫暖。但沒幾次約會，前妻晚回宿舍，就被她媽媽給識破了。她嚴厲警告前妻：「博班又怎樣？他是有執照的醫師了嗎？只有醫生可以跟妳結婚！」

　　天知道前妻有多珍惜這段感情，心裡早已經不再那麼認同媽媽說的話，每次都想盡辦法偷偷的與我約會，當我一拿到博士學位，提出結婚要求時，前妻激動得直流淚，為了不被她媽媽阻攔，我們決定直接去法院公證結婚；前妻還無比驕傲的跟我說：「我的婚姻我要自己作主！」

　　我找到教職工作，婚後平穩生活沒兩年，我們工作都忙，生活的細節那麼多，她是小小住院醫師常被操到翻，沒媽媽在旁邊打點，忙碌讓她丟三落四，跟婆家的相處總是有摩擦……至於我們夫妻倆的薪水，不能說不好，但比起她同學夫妻兩個都是醫生的，還是有差……

　　因為是瞞著娘家結婚，與她媽媽好久不往來，前妻開始後悔，媽媽雖然管得很多，但沒有媽媽「跟班」的日子很不方便。既然結婚連爸爸都瞞著，在醫院受了委屈，也不能用爸爸的背景來當靠山，菜鳥在大醫院的科裡，像被欺負的小媳婦。我雖然對前妻很好，但在我家，卻不是權力核心，我媽才是當家作主的人……

經不起召喚的脆弱媽寶

　　有一天，前妻白天在醫院受了氣，回家又被我媽碎碎唸，心情惡劣透了，突然接到媽媽的簡訊，內容說只要她肯回頭，就算離婚也沒關係，還是有機會回娘家，而且會把名下所屬的土地，由她挑選，只要選

中的都過戶給她，保她一生就算不工作、吃穿用度都
不愁，只要她肯回到媽媽身邊。收到簡訊後兩個月，
前妻拿著離婚協議書，逼我簽字。

　　前妻搬離開那天，她媽媽來接，我們算第一次的
面對面，她趾高氣揚的斜眼看我：「畢竟是自己生的孩
子，她喜歡什麼，討厭什麼，習慣過什麼樣的日子，
你這小子能比我都清楚嗎？愛情，沒那麼偉大啦！」

　　眼睜睜看著前妻頭也不回的走，她又唯命是從的
回到媽媽身邊，她不是信誓旦旦的跟我說：「終於想開
了，我要做自己！」她知道我是真的愛她、需要她，
她怎麼一下子說翻臉就翻臉？又照著她媽媽的意思
走？我對她的付出，是這麼的可有可無嗎？她不知道
這樣傷我多深嗎？

多鼓勵身邊情感受挫的男性友人們

　　當婚變後，估計至少一年，當事人難免意志消
沉。消沉當下，可能有很多轉移心情的障眼法，包括
封鎖自我、失眠、喝酒、抽菸、飆車、亂花錢……等
行動，這類發洩都比說的容易。詩人葉慈說：「因生命

的苦難，讓心變大；雖愛卻失戀，總比沒愛過好！」

　　鼓勵男性勇敢地去充實感情生活，學會與人連結，跟自己和好。在這個過程中，若願意利用輔導諮商專業，將是一種促進成長的契機（全國心理治療所／諮商所一覽網址：http://www.twcpa.org.tw/pubic_4.php）。每一個人，在每一段關係結束後，最好是先讓自己靜下來，好好的面對、整理，再出發時，可以笑笑的說：「真好，都過去了，自己走出來了。」

　　一般會鼓勵當事人「舊的不去、新的不來」，不論在網路上找新伴、去婚友社徵婚、親朋好友幫忙登臉書……總之大家一起趕快介紹新人，期待當事人快點再栽進另一段關係，就可以忘記失婚的痛苦。但是、心若沒有沉澱，靠新人忘記舊人，往往是剪不斷理還亂，舊傷未癒新傷又起，結果沒有比較好。

過度簡化分手原因，也是危險因子

　　邱先生撥開「勢利眼」、「做自己」屏障之後，是否當初兩人一起打拚經營家庭的初心還在？關係的失落者受到自信的打擊，情緒無法抒解是首要的心結。保護因子，來自於家人的無條件支持，不是他人的背後檢討。關係是互動累積的，一樁婚姻無法持續的原因，絕非單方的好與壞，忠誠與背叛；鼓勵邱先生要從這個傷害站起來，不是只有判斷是非對錯而已。

　　離婚，是「名義上的關係」在法律層面是結束了，但無法結束的是沒有犯任何錯，卻被對方反悔離婚，感覺像是用後即丟，被拿去做人生試驗的遊戲。溫和單純的前夫，難過自己並沒犯任何不忠於婚姻的錯，卻仍遭鄙棄，而前妻的選擇與比較，竟然是在婚後才開始向她媽看齊。

　　邱先生表面上一如往昔專心工作，私下碰觸情感的傷口悲哀到想哭都哭不出來，被莫名其妙的比較，感覺很挫敗，好像自己不是人，只是被金錢稱斤論兩的東西。對前妻曾說過的：「這婚姻是自己勇敢的選

擇，今生要不離不棄一起攜手度過！」三年不到，如
今已成過眼雲煙；感覺自己像被棄如敝屣。

幸福不是平鋪直敘來到
離婚是給自己再次的機會

　　離婚，能說出口的是憤怒、背叛、被耍、羞辱，
沒說出口的是原本深愛的親密關係，被非戰之罪的現
實與勢利所斷。失婚感覺很挫敗，凡事都有蛛絲馬跡
可尋，不必把錯與怨懟全往誰的身上推，但如果靜下
心、理透徹，也許發現忽略了隱形母親背後的影響
力。以拯救者之姿出現的關係，其實不是平衡的，進
入成為家人之前，一定要評估姻親對於新成立的小家
庭，擺放的位置是否適當？是否彼此對此談開，有所
準備？棄守承諾之前，應學習告知對方，自己的心
態，而非找一堆理由揚長而去；否則一次兩次也會變
成習慣，變相的在累積受害者名單。

生日不快樂

　　九〇後的網路世代，不多是這樣的嗎？所有事情大部分都是在網路上解決。遊戲、交友、聯絡、找資料、寫功課，誰說「男、女朋友」跟「性愛對象」要一樣？即使才上國中，有喜歡的男生，小女生會在臉書上註冊和 XXX「穩定交往」，但幾個禮拜不到，就換人了。

今朝有酒今朝先醉再說

　　19 歲，大二還沒讀完，在網路上認識不到三個月、算很有得聊的網友阿哲，力邀婷婷見面。

　　「都大二了，該不會還是個媽寶吧？」阿哲留言。

　　「拜託，誰擺平誰還不知咧。」婷婷回。

　　阿哲留 PO 上個「才怪」的表情圖。

「你從來沒欺騙過父母？當我北七？」婷婷回。

見面後不到一小時，阿哲眨著眼問：「有個轟趴在找妹，敢不敢來？」

開放的婷婷馬上回嘴：「沒在怕的啦！」

「喲，真有你的，但是要過夜的喔！」阿哲賊賊的試探。

二話不說，婷婷直接 line 老媽：「高中班導何老師退休回屏東病重，和同學去探病，明天回家。」

婷婷炫耀的晃給阿哲看。

阿哲刮目相看的眼神，讓婷婷得意。

奢華的別墅裡煙霧瀰漫，音樂開得震天價響，除了阿哲，還有阿哲的朋友，後來不知怎麼的，連神祕藥丸都出現了，每個人都眼神迷濛、恍神搖擺……

「敢不敢？」阿哲晃著手上的飲料。

婷婷二話不說一口乾了。

印象中，每個人好 high、好 high……

經期原本就混亂，幾個月沒來，婷婷壓根沒想到是懷孕了，個性本來就對未來沒有太多想法，想做什麼就任性的去做什麼，反正只要在老媽面前圓謊圓得

過去，就天下太平得很。至於懷的是不是阿哲的小孩？婷婷自己也搞不清楚，那天的事，後來的細節根本想不起來，實在太 high 了，頭腦像是被斷電一樣。

對阿哲，婷婷本來也沒當他是什麼認真要交的男朋友，不過是嘗鮮、約炮玩玩而已，沒想到中獎了。婷婷不想找阿哲，省得人家不認帳，糗的是自己；也不想再跟那幫人有什麼牽扯，想自己私下網路查一查，找個醫生處理掉就好了。

老實說，婷婷一點都不在意接下來會發生什麼事，照常去學校，照常跟朋友下課去 Pub 喝幾杯。雖說懷了小孩，但體型沒有太大變化，穿著寬鬆衣服看不太出來。有時體育課要打球，婷婷也照常參加，心想最好跑一跑跳一跳，孩子自動流掉豈不更好？

婷婷無所謂的拖著，等一算日子，認真想找醫生時，已經沒有醫生同意幫她動手術，婷婷不敢告訴爸媽、不知道要怎麼開口？如果爸媽知道的話，鐵定會大發雷霆，把她掃地出門。

這天婷婷生日，她照例蹺課來慶祝；本想找幾個玩咖來好好瘋一瘋，可惜最近肚子一直不舒服，只好

乖乖在家歇著。午後，婷婷肚子好痛，心想又拉肚子
了，但是拉出來的卻是黏糊糊的血水，陣陣撕裂般的
疼痛，三字經都還來不及罵出口，一個小小身軀掉了
出來，「啊哇──」的一聲，是嬰兒的哭聲，婷婷被嚇
傻了。

　　一身狼狽的婷婷，看浴室一片血水，一個念頭閃
過：把嬰兒丟進馬桶沖掉，沖不掉就趕快抱出去找地
方丟掉，希望一切全是噩夢，都沒發生！比她動作還
快的，是出差提早回家的媽媽，衝進浴室，嚇到失聲
大喊：「天啊，這是怎麼回事？」婷婷腦筋一片空白、
滿臉錯愕，嚎啕大哭。

　　「孩子誰的？」

　　「妳怎麼不早講？」

　　「妳要怎麼養這個小嬰兒？」

　　「帶個孩子，妳還怎麼上學？」

　　媽媽氣急敗壞的每一個問題，婷婷都不知道，這
是比被媽媽打還恐怖的感覺。媽媽叫了救護車，把婷
婷和嬰兒一起送去醫院。

未滿 20 歲孩子怎麼負責養小孩

　　媽媽在保險公司上班，為客戶投保各種人壽險、平安險、醫療險、產險……完全無法接受女兒會突然、毫無徵兆的在家生產！這麼突然、算意外嗎？又氣又惱，這算什麼？養個嬰兒哪這麼簡單？往後的日子，這嬰兒怎麼辦？婷婷這孩子，真的很令人頭疼！

　　現在怎麼辦？突然蹦出來的小嬰兒，婷婷是完全無法負擔的，她自己也還是個大小孩，大小孩能帶小小孩嗎？媽媽看著從天而降的嬰兒，沒有一丁點抱外孫的喜悅，更像是憑空掉下一顆炸彈，炸得她頭昏腦脹、心臟都快受不了。

　　婷婷的媽媽有太多疑問：

　　「孩子的爸是誰？怎麼從沒婷婷談起？」

　　「知道懷孕為何不說？」

　　「這是真、真、實、實的一條小生命，怎麼可以這樣隨便就冒出來？」

　　一點都沒打算當「阿嬤」的媽媽，對於女兒闖下的大禍，氣到想要斷絕母女關係。怎麼可以對自己的

身體這麼隨便、這麼無感？孩子的爸爸是誰？一定得叫出來面對！事情要怎麼處理？小生命不是一個人造成的，已經存在了，不是賴說「我什麼都不知道」就不用負責的。

愁雲滿天、挫敗自責的「阿嬤」

盛怒之後，媽媽開始自責、擔憂、抑鬱。

「我怎麼會把婷婷教成這樣？」

媽媽是業績無敵的保險業務高階主管，常常教人分散風險，千算萬算，也無法算到自己女兒連大學都還沒畢業，卻殺她個措手不及，被迫當起「阿嬤」！還是學生的婷婷是要怎樣養小小孩？女兒怎麼這麼傻，這麼不會保護好自己，明明告訴過她很多次：「別一天到晚黏在網路上，大家都多有所隱瞞，特別是男網友，沒準就是個渣男！」這下好了，媽媽的話就是不聽。

未婚生了個父不詳的嬰兒，街坊鄰居、親朋好友、同事客戶，若是知道了，怎麼看我們這一家？怎麼看我這職場上的 Top Sales？失敗啊失敗……天都快

塌下來了……婷婷媽媽背著人，眼淚就不聽使喚的流個沒完。這個「阿嬤」的身分，她沒準備、不想當、不敢當，非常非常排斥。

　　婷婷以後怎麼辦？生了來歷不明的小孩，以後還要不要嫁人？一想到不只女兒怎麼辦？這小外孫的將來，怎麼辦？六神無主的媽媽，原本對於女兒還有一個人生美麗的藍圖規劃，如今被天外飛來的霹靂一轟，全都摧毀了、變樣了……

媽媽的堅持
妳的人生不是我的人生，不能硬推給誰

　　媽媽每次去醫院看到小嬰兒，越看越難過。婷婷想要留下孩子，但是未來的日子那麼長，又還在讀書，養活自己都很吃力了，怎麼養小嬰兒？小嬰兒又不是洋娃娃，要吃、要喝，還會生病得看醫生，帶個孩子怎麼完成學業？勢必休學去找工作，然後呢？用22K來支付生活開銷？能養活自己就偷笑了，怎麼養一個小孩？

　　婷婷央求媽媽先幫忙她一陣子，她會想出辦法來

的；媽媽還是不同意，出生就父不詳的小嬰兒，成長之路能快樂？會幸福嗎？一想到年輕人，只要性愛又不做防護，製造出生命又擔負不起責任，以為生養一個新生兒長大是件容易的事嗎？說什麼婷婷媽媽都執意不肯留下小孩。

冷靜下來後，媽媽對婷婷說：「我不是不幫妳，但這是妳選擇的人生，不能硬推給誰，妳也即將 20 歲了，如果妳記得這個教訓，以後就知道怎麼保護自己，愛惜生命。好好的替 baby 去找個愛他的人家吧，現在妳能做的，是要替孩子想，什麼樣的成長環境對他將來才是好的。妳硬要留下他，又不能好好帶他，是自私又不負責的！」

養育計畫？其實，婷婷根本沒概念，也不知從何說起，眼見身邊沒有人可以支持她，可以幫忙留住baby……不過是生了個小 baby，就十惡不赦了嗎？都還沒試過，怎知道我就是養不起小孩？小孩是我的，為何要硬硬生生拆散我們？我是有錯，但一次犯錯而已，不能商量的嗎？媽媽的每一句指責對婷婷來說都像萬箭穿心，她只知道差點痛到死才生下的 baby，跟

生父那邊全沒有關係，是完完全全屬於她一個人的，
她才不要送給別人家。

搞不懂媽媽在窮緊張什麼

懷孕這件事，婷婷連閨蜜都沒說，靠穿寬鬆衣服
來掩飾，有被人問起，就說：「管不住嘴，吃太好、都
胖在肚子上，別再問了啦！」靠這樣也混了過去；好
在這次生產除了媽媽外，也沒同學或朋友撞見。快放
寒假了，等下學期回學校，神不知鬼不覺，我還是
我，有什麼差別？真搞不懂媽媽在窮緊張什麼？不過
多了一個我的小孩、她的外孫，有必要這麼的「天要
塌下來了」嗎？

看著 baby，婷婷回想以前學校遮遮掩掩教的性教
育，連老師根本都講得不明不白，原來「一不小心」
真的會「出人命」，真的好奇妙！婷婷喜歡這個自己「出
品」，真真實實的娃娃，雖然還是無法說出以後可以怎
麼養他、照顧他，同時沾沾自喜覺得自己好棒，完完
全全擁有一個屬於自己的生命個體，竟是這種還不錯
的成就感。傷口很快就不疼了，親自餵奶時，婷婷不

忘自拍留念，暗自可惜不能 PO 上臉書炫耀一下；生個小嬰兒，這可比考試 all pass 還難吧！

之前的生活老實說挺無聊的，玩來玩去、能玩的玩久了也那幾樣而已，變成媽媽還沒幾天，感受到因為生命共同的連結，只要看到小 baby 的臉，就不想放棄他，想要親自看著他、陪他長大，每次抱著有呼吸、有心跳、有奶娃味的小 baby，都有說不出來的幸福與滿足。

媽媽要婷婷考慮出養，而且越快越好，叫婷婷不要再親餵母奶，以免餵了有感情放不下，越拖越久會越難割捨，到時候只有說不完的心痛、哀怨。「那麼就把孩子留下來，不就好了嘛！」婷婷毫無察覺媽媽絕不妥協的意志，媽媽一次比一次更冷、更堅決的搖頭。

婷婷真的慌了，哭著求媽媽別送走小 baby，媽媽把一張社福單位的聯絡方式給婷婷：「明天有社工會來看妳，妳就知道留下小孩不是開玩笑的事，不要以為小 baby 像玩具，妳喜歡就逗他玩一玩，小孩不吃不喝就會長大嗎？妳要他一輩子父不詳嗎？」

以前媽媽忙於工作，喔不，應該說是全心投入她

熱愛的工作，一忙起來，女兒像空氣⋯⋯獨立長大的
婷婷，知道優渥的生活條件是父母加倍努力拚來的，
可是，家不是應該要有讓人眷戀的溫度嗎？

　　媽媽抱著心碎的婷婷一起哭，眼下再好說歹說什
麼，婷婷都聽不進去，看著小 baby 的臉，想起長年在
海外工作的老公，自己獨力撫養孩子的母代父職歲
月，還好經濟能力讓她無後顧之憂，但養育孩子那種
精神上的辛苦，嬌生慣養的婷婷哪裡吞得下去？

　　婷婷放軟身段，一直求媽媽不要把 baby 送走，媽
媽不敢說出自己的矛盾、遲疑，理智告訴她：年輕的
婷婷，還有大好的人生，值得日後擁有更好的生活。
生下 baby，已是迫不得已，為她們母子兩個好，不得
不為 baby 另外找個家。

　　每當想起小 baby 將被強行送走，婷婷對母親的怨
恨日深，媽媽也心痛婷婷的不懂事，好壞是非分不
清，養不起小孩反而是害了小孩；被迫母嬰分離的婷
婷，與母親的對立衝突日益尖銳。

「為你好」，好沉重的三個字

　　根據 2016 年 7 月份國健署公布最新統計，2015
年臺灣新生兒約有 21 萬多名，有 3,230 名新生兒的母
親未滿 20 歲，進一步分析媽媽年齡發現，未滿 15 歲
有 49 人，14 歲有 40 人，13 歲有 8 人，而年紀最小產
子者僅 12 歲。內政部統計，國內未成年少女生育率佔
6% 左右，其中又以花東兩縣的未成年少女生育率最
高，高於全國未成年少女生育的 2 倍。

　　過去未婚懷孕，要面對的指指點點與議論紛紛，
常常讓少女活在陰暗之中，無法面對自己懷孕的事
實，面對母嬰被迫分離，甚至將恨意轉移到強迫將骨
肉出養的母親身上。母親認為是為未成年的女兒好，
但女兒無法消化的母子分離，讓親子間劍拔弩張，甚
至負氣決裂。

性教育不是只有性器官接合的知識
更重要的是看到對生命的態度

　　青少年的男歡女愛常是一時的性探索行為，還不

懂得自我保護。政府是鼓勵生育，但養育子女更重要
的是長期的工作，沒有預備好迎接的小生命來到這個
世界，小爸爸小媽媽沒有能力承接之下，學業被迫中
斷，只能做高流動率的工時人員，甚至無業，自己也
墜入新貧族的行列。帶著小朋友卻沒有足夠的養育能
力，頻繁的轉換照顧者或同居人，孩子被虐待的風險
無形中提高。

2011 年 11 月 30 日通過之「兒童
及少年福利與權益保障法」，於 2012
年 5 月 30 日開始實施，規定除親戚間
收養與收養配偶之前所生之子女外，
收養無血緣關係的孩子，必須經由政
府許可的合法機構，做收出養的媒合
服務，包括評估與媒合，無法像從前
那個時代可以自行收養。

　　負責的社福機構，對於收養方，
要事先評估收養家庭的收養動機與養

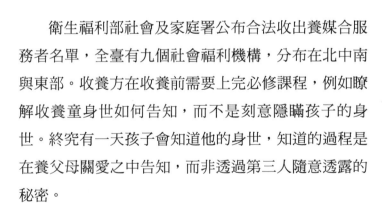

育計畫，以確保被收養兒童的權益。
對於出養方，要做適度的輔導，因為
小媽媽與嬰兒不預期的分離，跟家人
會有很多延伸未盡的議題有待處理，
沒處理好，可能會一再重複離家、未
婚懷孕、出養的循環，可能生了幾個，
卻一個也沒留在身邊。

衛生福利部社會及家庭署公布合法收出養媒合服
務者名單，全臺有九個社會福利機構，分布在北中南
與東部。收養方在收養前需要上完必修課程，例如瞭
解收養童身世如何告知，而不是刻意隱瞞孩子的身
世。終究有一天孩子會知道他的身世，知道的過程是
在養父母關愛之中告知，而非透過第三人隨意透露的
秘密。

早點知道，比晚點知道好

身世告知，是收養父母相當重要的一門課。同時

要知道出養方的捨不得，在這種情況下，為了孩子著想而不得不做出的決定。因此身世告知，不是在收養父母跟原生家庭中做比較，而是讓孩子瞭解，為了他的生命，有多少人付出了努力。

一年大約三千個嬰兒，在小爸爸小媽媽還沒準備好時，就來到了世界。小孩引頸期盼的是一個溫暖的家；照顧與教養孩子成長是一種負責的態度，承諾不可只憑一時的感覺。小媽媽從懷孕到出養，大約有幾個月到一年的時間，可以好好考慮與安排，若無法留養，對小媽媽及其父母要做心理輔導，包括好好說再見、照顧自己與充分了解兩性相處的議題，減少一再地遇到不對的人，重蹈覆轍。

對小媽媽的父母的輔導，包括重建親子關係，提醒不要用鄙視辱罵方式，對待正在承受分離的女兒，她是生產，不是犯罪。然而事出突然，很多感受難以言喻，小媽媽的父母親以最直接的方式教訓女兒，看似傳統正確，恐怕只會使得傷心的人更傷心。至於未來遇到合適對象，要不要告訴對方這段往事，應視交往情況決定要怎麼說，說多少。

如果懷孕的過程不是自願的，例如被下藥、約會強暴，或是被威脅強迫，除了療傷，建議要採取法律途徑，才不至於往後沉溺在懊悔之中。

對於出養的決定，小媽媽和日後長大的孩子，要了解當初的「不得已」選擇，化作「為孩子找到更適合成長的家庭」，而不是遺棄。十多年過去，有可能在人生第二回合時，孩子透過機構尋親時再相遇，希望重逢時，能心懷感激，感謝大家都安好。

人生的變化迭起，面對不預期來到的生命，為孩子找到新家，出發點是妥善的安排與選擇，給孩子跟自己一個重生的機會。在年少時，身心尚未成熟，就遇到這麼龐大無法掌握的關係，是風險很大的危險因子，除了好好面對之外，來自家人與社工的協助，形成安全的「保護因子」，未來遇到適合的人，勇敢的抓住幸福，不需要因此退縮封閉。

兒童及少年收出養媒合服務者

● **財團法人中華民國兒童福利聯盟文教基金會**

　臺北市大同區南京西路 66 號 6 樓
　電話：02-2558-5806#8
　臺中市西區五權五街 151 號 7 樓 -1
　電話：04-2378-0095
　高雄市左營區博愛三路 12 號 6 樓
　電話：07-3501-959

● **財團法人忠義社會福利事業基金會**

　臺北市文山區萬和街 8 號 9 樓
　電話：02-2230-1100

● **財團法人勵馨社會福利事業基金會**

　臺北市大安區羅斯福路 2 段 75 號 8 樓
　電話：02-2369-0885
　臺中市西區三民路一段 174 號 11 樓
　電話：04-2223-9595
　高雄市苓雅區凱旋一路 3 號 3 樓
　電話：07-2237-995

● **財團法人天主教福利會**

　新北市深坑區北深路二段 155 號
　電話：02-2662-5184

- **財團法人臺北市基督徒救世會**
  社會福利事業基金會

  臺北市信義區基隆路一段 420 號 7 樓
  電話：02-2729-0265

- **財團法人天主教善牧社會福利基金會**

  臺南市北區力行街 12 號
  電話：06-234-4009

- **財團法人高雄市私立小天使家園**

  高雄市路竹區自由街 132 巷 13 號
  電話：07-6960-777

- **財團法人一粒麥子社會福利慈善事業基金會**

  高雄市路竹區自由街 132 巷 13 號
  電話：089-960168

- **財團法人宜蘭縣私立神愛兒童之家**

  宜蘭縣冬山鄉得安村大埤二路 189 巷 36 號
  電話：03-9514-652

第二章

看待危機

危機是個警訊，它的發展有多條路徑，一路壞壞壞，才會到一個不可收拾的地步，不然，危機常常是一個提醒，不是一個結論。

悲觀的人，會看一點風吹早動，直接跳到結局整面都是不好的，自己嚇壞自己，因此沒了力氣。樂觀的人則是視它為機會，不到最後不輕言放棄。也在過程中，不停的鼓舞自己與尋找資源。

危機是開放式結局的分叉點，做了什麼，會往好的方向走，又做了什麼會往壞的方向走。身在其中，急於搬開絆腳石，但由誰來搬，才會累積力量？我們也許想求快求好，殊不知卻採取了使危機最後朝向了惡化的方法。

往往我們看見個案遇到事情無法迎刃而解，是當

事人逃避，拉不出來。未到最後，結局還未揭曉，我
們分析影響的原因，是「動態的」過程。結局的不同，
是來自過程中的作為。翻轉的力量，不能只靠別人，
也許剛開始需要借別人一點力量，然後等自己的力量
長出來。當事人的決心與執行的總和到位，才是改變
的主因。

　　韓國 2014 年因電影《海霧》拿到 9 項電影新人獎
的藝人朴有天，在退伍前一年遭到重大危機事件，5 天
內 4 名酒女接二連三跳出來指控他性侵，故事腳本一
致得令人匪夷所思，韓國一家電視台在還沒有調查之
前，就製造污衊的報導，未審先判企圖主導抹黑的輿
論，我國的精神科楊姓醫師跟進，以朴有天八、九年
前的塗鴉，隔空診斷逕自分析這個人的性癖好，把他

說得像是個連續性侵犯一樣。

　　朴有天經過長達數個月韓國司法調查後，法院公布朴有天沒有犯罪事實，倒是酒女被起訴，以誣告詐欺等罪被判刑 2 年。以公眾人物來說，負評與惡劣新聞的攻擊，可能會中斷其演藝事業，10 幾年來的經營付之一炬。

　　大型危機來的時候，若沒有清楚的信念與信心，不用子彈就可以把人殺死了。朴有天因為在當兵中，無法說什麼，倒是他遍佈全球數十個國家的粉絲，當起柯南及獨立媒體記者，展開極有效率的自救會，組織救援行動，寫英文人權信，呼籲媒體應給予朴有天基本人權，無罪推定的原則，勿任意在未判決前，就隨八卦媒體起舞、個人感受給予定罪，也對於 N 名酒

女的指控，分析背後動機，指出疑點重重。

　　名人與非名人在網路前一點都不平等。名聲、財務、感情等損傷的危機，最容易使人的意志力像被推倒的骨牌般迅速連番的倒下。危機當前，逃避、怨懟，都不是辦法，唯有面對，才可能挺住、扭轉惡劣的局勢。

失根的異鄉人

　　李大衛多次進出醫院急診，後來在精神科門診拿藥，去年，光看外表，他還可以算是個年輕帥氣的青年，之後越來越像不定時炸彈，情緒常失控，跑到頂樓吼著要跳樓，每一次嚷嚷都被拉住，這一次深夜，大衛真的就縱身跳下去了……

分隔千里，只是為了要讓他贏在起跑點

　　父母嚇壞了，119 送到醫院，急診醫師直言凶多吉少，並開出了病危通知單。媽媽日夜唸經，求神拜佛，只求兒子能夠度過難關。

　　大衛從小就有很多行為問題，當時父母因事業繁忙，兩岸三地跑，原本小時候住在臺灣，小學四年級把他送到美國跟姑姑住，大衛也說喜歡美國自由的教

育，但一方面連對孩子很自由、開放的姑姑，都受不了完全沒有規矩的大衛。姑姑唸久了，大衛也麻痺了，大衛爸的姊妹一個在東岸一個在西岸，誰受不了就塞給另一個輪流帶。直到大衛九年級開始，越來越晚歸，姑姑總找不到人、搞不清楚他整天在混什麼，父母推拖很忙不來帶，她們也沒辦法。

大衛開始交姑姑頭疼的朋友，跟有幫派色彩的東方人混在一起，抽菸、賭博、嗑藥，反正親生父母都不管，姑姑也睜隻眼閉隻眼省得起火爆爭執，大衛父母有一年到美國過年，對兒子感到幾乎不認識的陌生。為了要給大衛贏在起跑點的好環境，才選擇分隔兩地，父母去賺錢，給孩子好的優渥生活環境，如今看來，再不把孩子帶在身邊，恐怕會毀了一生。

對大衛父母的想法，姑姑當然樂得舉雙手贊成，怕大衛繼續留在他們那邊，是個超級大麻煩。因為大衛，警察來家附近的頻率增加，大衛常趁著夜晚帶朋友摸進屋來，老實說，姑姑滿害怕的。

大衛跟父母親到了深圳，馬上安排他到大學就讀，因為從小在美國，中文有些銜接不上，還特別為

他請了家教。美麗的家教比大衛年長快十歲，最後卻懷了大衛的小孩，父母真的很頭痛。

家教跟大衛分手時，大衛很不能接受，怪父母讓他到哪都像外國人，好不容易有個女生願意愛他，硬是拆散，何況對方還有身孕。父母無奈的跟大衛解釋：「家教大你快十歲，才來三個多月就懷孕，她懷的孩子是不是你的誰知道？她父母提出匪夷所思的結婚條件，你叫我們怎麼接受？」

在這次感情受阻後，大衛情緒越發暴走失控，行為脫序，酒喝到爛醉、還吵著要開車出去，有一次酒後硬要開車，好在連庭院都還沒開出去，就先撞垮了花台，連人帶車栽進鯉魚池，嚇壞了父母。在大陸闖禍後，大衛被送回了臺灣，換個環境，冷靜冷靜。

大衛被輾轉送到偏遠山區的一家自費的戒癮中心，父母說要他先住在那裡悔過戒癮，戒掉一切壞習慣，重新再來過。辦完住院手續，父母簽字後，看著時而恍神空洞、時而激動狂亂的大衛，面面相覷，這個才二十歲出頭的孩子，是否意味著這一生完蛋了？

他們都在騙我

「我從不相信我爸媽愛我！」

大衛難得清醒，聲音嘶啞、頭低得不能再低，眼神根本不想與我這心理師接觸。

「我應該不是他們期待中來的孩子，所以像燙手山芋一樣被丟來丟去。」

「從小，我只要到他們身邊，就會被我爸不耐煩的打發走，我媽總說乖，這給你玩，媽媽很忙，自己去玩，這是很新又好玩的玩具喔！」

「乖？我為什麼要乖？我如果真的乖乖的傻待著，不吵不鬧，他們眼裡還會有我的存在嗎？」

「去美國，有問過我願不願意嗎？我那時才多大？可是我沒看過我媽為一件事，肯花時間跟我說那麼多話，我感覺到她在乎我了，雖然我對新環境很害怕、很害怕，為了想讓她以後常這樣在乎我，我勉強自己去美國姑姑家。」

「小姑姑家，一家人多親密，為什麼我家從來就沒有過這樣？在小姑姑家，我就是個明顯、被客客氣

氣對待的外人，客氣到格格不入⋯⋯」

「第一次被從東岸丟到西岸，大姑姑已經有了先入為主的印象，我能有什麼好臉色過日子？我越來越確定我被父母丟包，既然你們生了我又棄我不顧，那我為什麼要給你們好日子過？」

丈夫、兒子，為什麼兼得這麼兩難

在探訪過大衛的隔天。

大衛媽媽邊說邊哭：「當時選了跟先生一起東奔西跑創業，沒有選擇留在大衛身邊，讓他沒有家的感覺⋯⋯我原以為，姑姑也是至親家人，姑姑也有小孩，教養得多好，為什麼大衛就不能乖乖的跟表姊、表弟一樣，ESL 上完，銜接當地小學？」

「剛聽到大姑小姑的抱怨，我是真的有想把孩子帶回自己身邊，但是我更擔心，那些見縫插針、無時無刻都在找機會往先生身上蹭、還會主動倒貼的女人！」

「先生不斷的外遇，好幾次公司周轉不靈，都是這些女人自動拿錢投資來爭寵⋯⋯念著這一點，我也

很矛盾，只能睜隻眼閉隻眼，沒吵著要離婚。我也有自知之明，像先生這樣看似高富帥的男人，不可能是我一個人的。現在的女孩，男人結婚沒對她們有差嗎？女生都不在乎的送上門了，男人何樂不為？」

時空距離，回頭轉眼，親子關係如隔著太平洋

大衛從上小學開始，就被老師嫌，上課不乖乖坐好、想到就跑出教室，老師寫了聯絡簿，爸媽太忙沒回應；打電話也沒什麼效果，只是讓媽媽多被轟一頓：「連一個孩子都帶不好，什麼叫相夫教子？是不懂？還是不會？」然後大衛爸爸就理直氣壯的幾天夜不歸營。

「我認為是臺灣的制式教育太過壓抑，送去美國對大衛比較有利；大衛是獨子，送出國受教育，他爸爸倒也沒意見。況且有至親在那裡，也都可以陪著大衛……很好的安排不是嗎？可是我就不懂，這孩子怎麼就是無法定下來？」大衛媽媽茫然無助。

初到美國，大衛開心上課方式好有趣，老師比臺灣的友善，但是問題又來了，華人同學好少，剛去語

言不流利，能交的朋友不多。沒幾年，大衛不知道去哪裡交了有幫派背景的朋友，父母只能忙把大衛從西岸送東岸。雖然換了環境，孩子變壞的速度太快，根本來不及勸阻什麼。

大衛從小跟父母生活不到十年，到美國當了小留學生後，每次母子相見，看大衛像吹氣球般的長大，語言從中文變成英文。生活習慣，言行舉止越來越像外國人……

「大衛總抱怨父母根本不懂他，大人很難理解他，可是大衛自己也講不清楚，我們該怎麼了解他；或者父母能怎麼幫他？」除了嘆氣拭淚，大衛媽媽還是不斷在嘆氣、拭淚：「孩子都變成這樣了，是我一個人的責任嗎？我該怎麼辦？我還能挽回孩子嗎？」

當孩子身體長大了，內心卻還沒

大衛每次闖禍後，面對收拾善後的父母都會說：「我很後悔。」但沒多久，就會再來一筆仍是「很後悔」的事情。

護子心切的爸爸手一揮：「所有可以用錢解決的

事，都不是問題。」然而每每被解決掉的事，怎麼越來越快速地再來一遍？大衛並不會因為受過教訓、犯過同樣錯誤，就從經驗中學習到成長。一樣任性妄為，反正永遠都有人在幫忙收拾；「自我負責」的觀念，對大衛好像天方夜譚，跟不上他的年齡。

　　不少父母，即便小孩已經是法定的成年人了，只因孩子小時候沒有跟著一起生活，在孩子長大後才想要彌補，捨不得孩子因闖禍而受罰，反而一再重複犯錯「小孩閃人→父母負責」的模式。過多的「捨不得」，變成壓抑孩子成熟，變成自我中心不顧後果的「內心嬰兒化」，製造各種紛亂來確定父母的存在；這樣的惡性循環，一定要先停止。

　　在孩子早期成長經驗中，與照顧者能形成穩定安全的依附關係，對於日後的人格形塑、情緒穩定有莫大的安定作用。

　　太早暴露在家庭紛爭或變動的環

境，孩子容易不安與焦慮；未來可能發展出多種的不良行為，不停的試探大人的底線的機會大大提高。對於一再犯錯的大孩子，他也想要追求幸福。他要的是關係的肯定，卻每每都會被惡化的行為越推越遠。偏偏父母的出現，都是孩子有狀況的時候，很難說是誰強化了誰。

　　孩子如果還有其他生理性問題，例如過動症，也會使得原本的問題日益複雜。原本就衝動不能等的特質，在不同的環境中沒有學到規範，控制的能力無法提升，父母與子女在惡性循環中，挫折不已。而訓練有其黃金期，一再錯失，最後大家都很辛苦。

　　父母子女的互動以「闖禍→解圍→又闖禍→再解圍」幾乎固定下來，若能結合第三勢力，例如法院、醫院，危機有可能變成轉機，比較有機會改變這個僵化的結構，重新讓大孩子學習自我負責，父母讓出一點點距離，看到孩子慢慢站起來，往前走。

最想逃的人

　　孫先生跟太太小玉結婚三年，小孩一歲半，他們是國小同學，兩人年紀即將邁入三十歲。

　　「我太太人很好，就是沒主見，把父母親的話當成不可違逆的天條，更是讓我為難。每次我要出面向她父母抗議不要這樣干涉我們的生活，都會被太太阻止。小玉從小害怕她父母，就像台語說的『被壓落底』了，但我不怕啊；不過是爭個理字，撕破臉有什麼不敢？就是得狠狠撕個徹底，才不會一再被控制、騷擾。」

強勢介入我家庭生活的岳父母

　　小玉爸爸是中學校長，媽媽是小學老師，從小就有禮貌、功課好、很可愛，連體育、美勞樣樣全能。

同學們都很喜歡她，把她當小公主般的愛護。國小畢業後，小玉越區就讀中學，直到大二有人心血來潮，在寒假開了第一次的國小同學會。北上念書的小玉回到南部才又跟小時候的同學們見面。

　　大家驚呼連連小玉除了長高，都沒變，一樣秀麗、清澈的雙眼，仍是乖巧有禮的態度。重聚的小學同學們，沒一會兒，年輕人嘛，大家就熱熱鬧鬧的有說有笑。每所國小總有頑皮的小男生，特別喜歡捉弄乖乖牌的小玉，只要被從小就個頭粗壯的孫先生看到，頑皮的小男生立刻鳥獸散。小玉每次被解圍，都紅著臉小聲說：「謝謝你幫我。」

　　那天聚會結束，小玉與孫先生互相留下聯絡方式，從手機到 mail 到 line，樣樣不缺。再次見到孫同學，小玉有說不出的好感與踏實。雖然隻身在臺北念大學，退了休的媽媽，對她交男朋友這件事仍然意見很多，管得很緊；讓小玉對交異性朋友意興闌珊，連同校或同班男同學想約，她都興趣缺缺，對交男朋友這件事，小玉似乎用冷處理在敷衍了事。

　　大四開始，小玉被父母密集安排相親，這些年來

小玉習慣和孫先生無話不談，在得知小玉儘管無奈，依舊無法擺脫父母挑選「條件很好、非去不可」的相親飯局。孫先生鼓起勇氣向小玉告白：「明明知道自己不可能符合妳父母設定的條件，可是我相信，只要妳願意接受我，我一定會給妳幸福的！」

　　小玉坦白對孫先生說：「從小你就幫我，在我心目中，你一直是我勇敢的英雄，這麼多年了，我都沒忘記你的每一次解圍。謝謝你，這次我要站在你這邊！」為了孫先生，小玉堅決的「非他不嫁」態勢讓父母嚇到，不得不對獨生女妥協，讓她嫁給「看來普普通通，一點都不怎麼樣」的孫先生。而小玉這次的果決力爭也讓孫先生刮目相看，完全意外對父母唯命是從的小玉也有這麼強悍的獨立自主之心，讓他覺得好感動，只是好景不常，他們的婚姻很快就撞冰山，觸礁了。

讓步背後的條件交換

　　「婚後沒多久，我便發現，小玉怎麼對父母的要求，越來越照單全收？原本屬於小家庭夫妻倆自己作主的事，為什麼都得聽岳父母的意見？甚至連添購家

電，要買什麼品牌，為什麼不能由我決定？這是我家耶，買我自己喜歡的牌子也不行，這算什麼？」當小玉越讓步，她父母開始把孫先生家當另一個他們可以自由進出、想小住多久就多久的家。

「女婿到底不是兒子，我連在家裡想隨便穿、輕鬆自在、舒服就好，都被一直唸有老人家在，怎麼連穿衣也沒規沒矩？問題這是我家，不是我岳父岳母家耶！」連下班在家也得中規中矩，不能隨興自在，每想到這些就很嘔：「我到底娶的是誰啊？」

「更過分的是從小玉懷孕到孩子出生，事事都她父母說了算，這個家究竟是成了誰的家？反客為主到不像話！」孫先生多次要太太去溝通都沒下文，問急了，小玉紅著眼眶賠不是：「我婚前求我父母，只要肯讓我們結婚，他們有生之年，我事事樣樣都依他們的意思，絕不再違逆他們，求你諒解好嗎？」

孫先生很無耐，他在家是長子，家中大小事爸媽都全權放手讓他處理，也沒出過什麼錯。如果沒有岳父母的「進駐」，這三口之家是他的最愛，有了岳父母的強勢介入還管東管西，讓他開始視回家為畏途。前

幾天為了件小事，孫先生氣不過和岳父母吵開了，盛怒之下，岳父母打包回去，孫先生私下樂得鬆了口氣。

小玉開始常被叫回娘家，雖然父母依然會給小外孫買很多東西，同時也要求小玉要幫父母出這口惡氣，不可以這樣把先生給「寵上天」。三天兩頭的總看著小玉跟父母見面回來，在那裡又哭又吐，孫先生好無力。要不帶小玉遠離父母控制，好好重新過一家三口的生活，孫先生很痛苦，他深知岳父母若不肯罷休的「纏」功，會讓他們逃不出如來佛掌心，天涯追殺。

孫先生害怕這個越來越強烈的念頭：這個被攪得烏煙瘴氣的家，沒有自己主張、唯父母之命是從的妻子，就算是愛的人、也難再容忍這樣的岳家，自己成了最想逃離的人，這樣的愛已經殘缺，他過不下去。

婚後，成親的不只夫妻倆
還有原生家庭的父母

小玉原想藉著從小視為英雄般先生的保護，爭取出嫁脫離父母的保護與控制，沒料想到父母以退為進，並不允許孫先生取代父母的位置。而孫先生婚後

才知道，太太錯判情勢，對小玉而言，父母有如孫悟空的緊箍咒，一輩子逃脫不掉，還連帶把他給捲進去。

雖然從小學時期就認識太太，卻在婚後親密生活相處才得知太太與原生家庭關係牢不可分。雖然結婚了，先生反而像是外來者，介入了太太的原生家庭，太太夾在先生與父母之間，壓力很大，長期被過度干涉，無法阻抗父母以關心之名如影隨形。就算小玉已成家、已為人父母，位階還是被當成「小孩」般，被叫來叫去、管東管西。孫先生以為全世界女人都有「嫁雞隨雞，嫁狗隨狗」的觀念，作為阻斷太太與娘家互動往來的正當性，恐怕一打三無法如願。

孫先生想過要一勞永逸解決，彼此保持距離、以策安全；可是岳父岳母比他道高一籌，每每都被識破，被推回原點外、一再受挫讓他越來越心灰意冷。岳父母以愛之名，經常跨界到他的小家庭，讓他渾身不自在，新手爸爸頓時被邊緣化，每個人說話都比他大聲，孫先生越來越想逃，因為那個小家擠進太多人了。

在婚姻中拔河，只要方向不同，就很容易變成對立，女婿和岳家、媳婦和婆家，婚姻中無論誰拔贏了，都不會有優勝者。雙方家庭唯有調整出方向一致，能同時兼顧彼此的需求與利益，力量才不會抵銷，在這矛盾的危機點，需要開誠布公好好檢視，不要因一時的洩氣逃避遠走，或意氣用事強爭輸贏，危機才也能是轉機。

結婚不是拯救的跳板

婚姻有更多的不確定性需要磨合與解決；因為愛著對方，才有攜手共度的決心。

走入婚姻的前三年，家庭結構改變了，面臨危機包括似乎尚未建立好小家與原生家庭的界線，婆家或岳家的過度介入界線不清；夫妻彼此是否能洞察，體

認配偶身在其中的壓力；新生兒的照顧、夫妻彼此的
分工；需強化有效的溝通模式，一再迴避衝突，只會
使問題累積更多。

　　過去認識多久是一回事，現在進入婚姻能否發展
出新的、有建設性的相處溝通模式，絕對是另一回
事。面對這個關係的稜線，小玉與孫先生已經是夫
妻，不是同學，不是玩伴，是生命共同體，為了提升
往後家庭的幸福品質，這個承諾與確認，一步一腳印
的轉換，值得好好花時間去努力與調整。

離家後的咖啡

　　阿祥是最近輔導過的孩子，讓我特別感慨的不是他的未成年觸犯法律，而是他一路至今，家庭給他擋風遮雨的保護太少、太少了……

　　阿祥是阿公阿嬤帶大的，祥爸跟母親其實沒有結婚，長大後才從親戚那裡知道，媽媽是逃家時遇到祥爸，跟祥爸同居了幾年，生下了阿祥姊弟，阿祥還沒上幼稚園媽媽就走了。阿祥長大知道後對父母也沒有太多想法，反正爸爸也沒跟他住。這些年來，有寄錢回來就好了。

　　小學五年級之後，阿祥越來越不想待在家，更懶得去學校。功課沒寫，數學、國語都不及格，老師到家裡訪問告訴阿嬤：「阿祥若連續不到校3天，會被通報中輟，會被罰錢。」阿祥的阿公已經中風行動不便，

阿嬤要照顧阿公，對阿祥沒辦法，問祥爸：「要不要把阿祥帶去北部？」爸爸都推說再看看、再看看。

沒了維繫力量的家，怎麼管得動孩子

阿祥跟著外面認識的大哥，開始不回家了。大哥讓阿祥住他家，給他菸抽，叫他跑腿，晚上大家一起玩，吃住一起。大哥有在附近的宮廟跳宋江陣，阿祥跟著跳，有出「熱鬧」時一起走，出完熱鬧有東西吃，真的比在家好。可是阿公阿嬤說這樣不好，找人幫忙介紹轉到一所住宿學校讓阿祥去住校。離開了大哥跟宮廟，新的學校學生分幫分派，若不選人跟是自找麻煩。阿祥很快跟了其中一組，他們要去網咖，他就跟著去，他們要四處閒晃，他反正跟著就對了。

國二時候，他跟的「四人幫」出了事情，犯了少年刑事案件：圍毆霸凌學弟，性侵智能不足少女。阿祥被迫離開住宿學校，被爸爸接去同住。祥爸才 40 歲，阿祥還暗自高興，以為祥爸比較年輕、和他會沒代溝；沒想到住在一起後，發現爸爸脾氣很不好，動不動就打人罵人，阿祥被接回來，就先挨了一頓好打。

　　「四人幫」闖禍之後，每個幫眾都被法院一一傳喚，家長必須要出庭，根據情節嚴重程度，給予不同的連帶處置。阿祥因為不是主犯，犯案後有悔過之意，所以法官判保護管束 5 年，家長帶回監督管理，但每個月要到法院報到，可以繼續讀書，不可以在外遊晃。阿祥才開始過一個「不得不」的規律生活。

認真管教≠暴力相向

　　祥爸像個暴君，法院的規定是參考，心情才是對待兒子的依據。有時阿祥生活上稍微表達一下自己的想法，就挨了祥爸一頓打：「搞清楚點，現在是你當犯人還是我當犯人？意見那麼多，找死！」就直接再補一腳狠踹下去！幾次的屢試不爽後，阿祥被揍得七葷八素，對親生爸又不能還手，只能就此沉默，不敢再說什麼了。到法院報到時，阿祥臉上的紅腫帶瘀青，引起保護官的注意。祥爸忙解釋：「從小，我都沒好好管教阿祥，才讓他跟了不良份子，做了不對的事，所以我現在有很認真的在管教他，看他改不改得過來。」

　　在祥爸的動輒一頓好打調教下，阿祥臉色越來越

慘白黯淡，氣色越來越糟，話說不清楚也不敢抬眼看人，阿祥的自卑感與日俱增。放學回來在家不准看電視、不准上網或玩電腦、不能跟同學朋友外出……祥爸命令兒子做所有的家事，因為阿祥是有罪之人，沒有關去監牢，怎可過得太舒服，怕他不反省。

　　阿祥想要下課後去打工，被爸爸阻止指著臉罵：「沒有人會用有前科的少年，免肖想啦！」阿祥低聲下氣爭取，他可以好好工作，把錢給祥爸貼補家用，但祥爸不加思索悍然拒絕。就算阿祥已經找到家附近賣滷肉飯的小吃店打工，祥爸還去搞破壞跟老闆說：「他是個壞孩子、會說謊、會惹事，不要相信他，你真是心臟有夠大顆，這樣還敢請他？」老闆只好叫阿祥跟爸爸回去。

　　阿祥在學校幫同學帶香菸這類違禁品，被教官通知祥爸，阿祥說幫忙帶的原因是欠同學錢所以義氣要幫忙。當著教官面，祥爸不好一頓海 K，只能火冒三丈破口大罵：「沒見過你這麼愛犯規、犯罪、犯賤的壞胚子，我就知道怎麼教也沒用，你這世人就是撿角（台語沒出息），沒出脫！」

你恨不恨爸爸

與阿祥會面諮商，都會問他怎麼來的；整個臺南幅員廣大，若沒有交通工具，去哪都不方便。阿祥騎著腳踏車來報到，來回至少也有 50 公里，來報到一次就這樣當天騎來又騎回去，阿祥沒帶水壺，見他總是又累又渴、風塵僕僕得像個難民。兩年來，我跟祥爸見面次數也只有 2 次，祥爸口若懸河、滔滔不絕，其中盡是抱怨阿祥讓他丟人現眼，不見對這個兒子有多少照顧、疼惜。

阿祥常常低頭不語，問什麼，談什麼，都不會立刻回應，讓我感覺很無力。直到有一次他帶著傷來，我關心他的傷勢是誰打的，就算他曾經犯過錯，也不可以打成這樣傷得這麼嚴重，阿祥眼角掛著淚，慢慢開口說話。

「恨不恨爸爸？」我問。

阿祥搖著頭，很小聲說：「我本來就是什麼都沒有，連恨也沒有……我只想，有一天，可以自己生活、過自己想過的生活。」

　　我心中鬆了口氣，還好這孩子對於未來，仍有盼望。

　　阿祥的出生原就不是父母所預期的，從小幾乎沒有跟祥爸一起生活過，同住的這兩年，暴力之外還是暴力的拳打腳踢，沒有機會建立正常的親子關係。阿祥每次到法院報到，時間久了，心裡知道法院的老師，沒人放棄他、真心想幫他；雖然來的是法院，卻比在家安全有尊嚴。可嘆這些在家不能得到照顧支持與教養規範的孩子，反而是我們這些家庭外的大人，在幫孩子能自己找到路、走出去、站起來。

孩子的難，在於名為「父母」的人不一定可依靠要等孩子自己歷經滄桑長大

　　爸爸又在醉後掀舊帳狠揍了阿祥，說養他是「浪費錢、白了工」，當晚祥爸呼呼大睡後，阿祥留下紙條離家出走，只寫著：「我走了，我已經 18 歲，會照顧自己生活。」離開了祥爸的家，他沒有回學校，消失在爸爸的生活範圍。

　　但在與保護官約定的時間，阿祥出現了，帶了一

杯咖啡走進法院，那是一杯特地留給心理師的咖啡，裡面有他人生的苦味與回甘。阿祥苦笑著說：「終於等到 18 歲了，也許所有人不看好我會有什麼成就，反而是在離開爸爸後，我找到了在自助餐店做打雜的工作，不用一天到晚擔心莫名其妙的被揍，我也能有飯吃。」

阿祥一樣騎腳踏車來，一樣風塵僕僕，但卻抬頭挺胸，努力的迎向自己的未來。

高風險家庭

2005 年根據內政部公布的「高風險家庭」定義與篩檢指標，指出家中有未滿 18 歲之兒童及少年，家庭因為主要照顧者遭逢變故、或家庭功能不全，有可能會導致家庭內之兒童少年未獲適當照顧者。當家庭中有以下狀況，而本身又缺乏有力的支持系統和足夠資源來處理危機，就是所謂的「高風險家庭」。

高風險家庭定義包括：家庭關係紊亂、常起衝突、特種行業、精神疾病、藥酒毒癮、自殺、貧窮、失業、負擔家計者死亡、失蹤，或入獄等。

　　關注高風險家庭的目的是藉由學校、就業、民政、衛生、警政等系統，依高風險家庭評估篩選表，及早發現高風險家庭。若發現遭遇困難或有需求之家庭，主動提供預防性服務方案，以達到預防兒童、少年們受到虐待、家庭暴力，及性侵害事件發生。

　　造成高風險的因素很多，可能是家庭、照顧者、社會，或是兒童少年本身，但真正讓孩子持續暴露在危機中，最大的因素，還是由家庭累積的危險因子。

　　如果家庭中父母婚姻不和諧、發生外遇、家庭親子關係時常起衝突、孩子和父母分居、父母離婚、去向不明、有犯罪紀錄、入獄、家庭具有債務壓力或財務危機、影響家庭作息的工作、家中成員曾有自殺傾向或自殺、父母死亡、孩子是非婚生子女、家庭結構複雜等等危險因子，對孩子的照顧與發展，難有正面

的影響力。

　　怕的是導致孩子一路壞，連三壞的危險因子一路累積，一開始就籠罩在家庭的諸多風險中，在孩子成長過程中受到疏忽、不良影響，甚至虐待，引來更多的生存危機。通報者可能成為貴人，孩子因危機受到政府的注意，協助他成長，成為最後一道防線。

過動兒也有春天

從 3 歲開始，潘媽媽就帶著獨生子上全腦開發課、全美語班、音樂班、體適能……，只是每一次隨班的老師都會說：「您兒子很皮，好動，靜不下來聽老師說話……」

診斷像宣判，令人無法心服

在幼稚園老師的建議下，潘媽媽鼓起勇氣帶著 5 歲的兒子去兒童心智科，原想只是確定一下，沒想到一下子就被確診是 ADHD（注意力不足過動症候群），醫生說可以先不用服藥，再觀察看看。但潘媽媽回家後把收據扔到垃圾桶，無法接受。潘媽媽私下特別交代老師，不要在其他同學面前講兒子得什麼病，深怕兒子被同學貼標籤，會被另眼相看，甚至排擠。

　　潘爸爸倒是很看得開，希望太太不要一直帶小孩去看醫生，可以的話，讓孩子順其自然，自由發揮就好，是不是過動兒又如何。潘媽媽沒有那麼灑脫，心有不甘，小學一年級進入有名的私立小學，潘媽媽私下慎重拜訪班導師，希望老師可以多多關照、包容兒子，但三不五時，潘媽媽會接到老師的告狀：上課跑出去、功課沒寫完、欺負同學、破壞公物……好像兒子是個惡霸似的，潘媽媽都快崩潰了。

　　晚上看著兒子睡著的臉，潘媽媽覺得他那麼可愛，學校老師、同學家長，為什麼那麼狠心不能接納包容兒子？又不是每個人天生都是乖乖坐辦公桌的料，有的孩子就是坐不住，只要好好培養，兒子將來一定會出類拔萃。

　　潘媽媽積極帶兒子參加各種活動，靜態的、動態的，一週七天每天都有活動，每個月花在才藝班的費用從沒有少於 3 萬塊錢。直排輪、作文、英文、鋼琴、黏土、積木、畫畫、跆拳道……寒暑假參加出國遊學團，栽培兒子不遺餘力，潘媽媽並不覺得兒子比別的小孩差。只是學校老師每每給的評語越來越苛刻，潘

媽媽一意認定孩子只是「大雞晚啼」，長大就會比較懂事；對老師的批評不要認真就不會有事，但是這種消極的態度，到了小四已擋不住了。

訓導主任說要看到媽媽帶兒子去就診的紀錄，才要給闖禍的兒子機會，潘媽媽只好硬著頭皮再度去醫院，醫師問潘媽媽：「發現孩子有問題，為什麼不早點來看？越早治療對孩子越好。」媽媽支支吾吾說有看過，沒有說的是「不能接受醫師的診斷」。這一次要不是被訓導主任逼來，她仍然相信兒子是比較頑皮，沒問題的。

治療重點被迷思誤導蒙蔽

如果不是這個 ADHD（注意力不足過動症候群），相信潘媽媽不會那麼抗拒，如果孩子罹患的是第一型糖尿病，父母會按時幫孩子打胰島素；如果罹患的是弱視，父母會幫孩子戴上矯正眼鏡；而罹患 ADHD 的小朋友，因為衝動、注意力不佳，家長常對治療有諸多的猶豫，讓孩子空有良好的智力，找不到著力點而無用武之地。

　　這次醫師說可以先服藥，但潘媽媽害怕有副作用，藥拿了卻不敢給兒子吃，直到老師說有藥要拿出來時，媽媽只好乖乖交出來；但好怕兒子吃藥時被同學看到，同學問他有什麼病？在吃什麼藥？兒子要怎麼答？那兒子怎麼辦？真的不想兒子背負這些眼光。

　　關於過動兒治療，父母最關心的是吃藥的迷思：到底要不要給孩子吃藥？吃了以後會不會好？吃藥會有哪些副作用？而不是把重點擺在更重要的方向：這個疾病怎麼治療，有哪些治療方式？除了在家爸媽要做的，學校如何配合？配合的方式有哪些？有治療跟沒治療的過動兒，有哪些差異？

　　這些協調，都需要家長與學校相互溝通的，過度僵化的要求，例如無法完成的作業量、永遠寫不完的罰寫……會造成親師對立，親子關係緊張。在家裡，多的是父母親彼此因管教孩子理念不同，導致夫妻失和，何況是在於有立場的學校老師和家長之間。在教育現場，不應把「公平」當藉口，好的老師能夠發揮教育專業，因材施教，如同搭鷹架般的逐步建立孩子的程度與能力。有好的一小步，才有信心往下走。過

動兒好好發揮，也有春天。

注意力不足過動症候群（ADHD）
國小低年級時是治療黃金期

　　臺灣過動症盛行率約為 7%-8％，全省 ADHD 學齡兒童至少有 13 萬人以上，通報鑑輔會不到兩千人，尋求正確管道就醫者可能不到 2 萬人。沒有得到「有效教育」的過動兒，在教育制度中跌跌撞撞，就算不通報，家長也不要忽略了我們特殊需求的孩子更需要長期、有系統性的協助與治療，讓孩子的成長期，盡量降低危險因子，祈能順利平安的長大。

　　罹患 ADHD，在國小低年級時是治療的黃金期，若不面對不處理放任不管，會逐年衍生出不同的症狀，包括學習障礙、閱讀障礙、情緒障礙、品行疾患……這些很容易跟 ADHD 發生共病。全世界沒有一種兒童時期發展疾患的共病比 ADHD 還多。

　　共病的意思就是有了這個病，將逐年衍生出其他合併症，根據研究調查顯示：

- 70% 有學習障礙、低學業成就、低自尊，低挫折忍受度，人際困難。

- 15% 至 75% 有情緒疾患。

- 30% 至 50% 有攻擊行為、品行疾患、態度對立、法律問題。

- 30% 有焦慮症。

- 50% 的過動兒在青春期有濫用藥物等問題。

這些症狀若產生，可能會一直持續到成人之後。也因此家長與老師，無法在什麼事都不做的前提下，用「將來長大了就會好」來自我安慰。

2017 年，衛福部委託臺大醫院高淑芬醫師進行臺灣第一個「全國性兒童及青少年精神疾病流行病學」調查，以 4,816 名孩童為研究樣本發現，近 6 個月內盛行率為 28.7%。研究發現全國近三分之一的孩子，有心理健康狀況，需要專業評估與協助。而罹患 ADHD 的兒童的盛行率是排名第一，比一般兒童承擔的危險因子多。

需要進一步專業評估與協助的兒童比例大約是三成。每個孩子的身心發展軌跡不盡相同，有天分得以

發揮，是保護因子。周邊環境的污名化歧視或忽視的
態度，是無法改善問題的危險因子。

　　兒童時期的發展疾患，每一種都不好治療，而且
大部分都不是吃藥就會好。先以藥物控制部分的病
情，接著培養能力，是最有效的作法。父母親對吃藥
有所疑慮的，更得積極做其他類型的療育，包括行為
治療、人際情緒團體治療、職能治療、藝術治療、親
子互動治療等等，因人而異的採取不同的療法。若是
什麼都不做，錯過治療的黃金期，未來可能增加上法
院跟醫院的機會。怎麼說呢？不治療的結果常常造成
個人與他人的受傷，被告後付出賠償在所難免。

　　美國游泳好手菲爾普斯（Michael Fred Phelps II），
31 歲時，他已經擁有 28 枚奧運獎牌，光金牌就多達
23 面的紀錄，成為史上獲得最多奧運獎牌的運動員。
菲爾普斯在特殊機緣下找到游泳運動的舞台，也改變
了身為過動兒的一生。菲爾普斯小時候是跟媽媽住，
媽媽在他 5 歲時發現他有過動症。藥物治療兩年後，
發現過動的菲爾普斯在水裡反而能好好的練習，才停
下藥物，以運動為主。天賦異稟加上苦練，每天練習

至少 5 個鐘頭，每天游超過 12 英里。15 歲到 23 歲，在游泳界發光發熱，對於不過七、八年的運動生涯，就已達到顛峰。成名後的光彩絢爛，對照非常辛苦單調的練習生活，菲爾普斯迷失了，迅速墮落。

2009 年，因吸食大麻酒駕等負面新聞，菲爾普斯被泳協開罰，取消對他的贊助。在激烈競爭的運動場上，實力堅強的後輩時而竄起，低潮後想要東山再起，遭遇到的阻礙更大，除非拿出比之前更堅強的態度與訓練成果。選擇重回戰場的菲爾普斯，終於再度超越了自己的個人紀錄。

父母對治療的態度
決定孩子未來改變的幅度

如果家長未能選擇與掌握各種保護因子，對過動兒及其家人，都得經歷長期的辛苦，甚至連帶影響父母，壓力與日俱增難以負荷。

為了避免最後產生越來越多又無法有藥醫的共病，有賴家長、老師、醫療團隊能否在時間內，掌握到可以協助的保護因子，而非任憑光陰虛擲，重複失

敗經驗。「注意力不足過動症候群」不可怕，可怕的是
——不治療的後果，可能會引發更多困難與障礙。

　　來自丹麥國家統計資料 (Danish national register)，
蒐集 192 萬丹麥人的健康資訊。2013 年的研究，2-32
歲人中有過動症診斷的約三萬人，每萬人年死亡數是
5.85，沒有過動症診斷的人是 2.21，過動症患者死亡
原因有 53% 是意外事故。研究數據暗示，過動症患者
相較於一般人有衝動性較高的特質，發生意外致死的
機率似乎也比較高。

　　注意力不足過動症候群的兒童的治
療方法，是整合藥物、認知心理、學校
教育，及家長效能訓練的多重模式。找
到過動兒的性向、興趣，加以培養，例
如藝術、表演、運動、繪畫、音樂、歌
唱等操作類型活動，建立成功經驗加上
合宜的教養態度、行為約定方法及妥善
的藥物配合，是改善的根本之道。隨著

孩子長大，人際關係與感情生活複雜許
多，面對與學習交友與婚姻經營是重要
的課題。

過動兒相關的支持團體

● 財團法人赤子心教育基金會

總會：臺北市信義區和平東路三段 391 巷 20 弄
27 號 1 樓；電話：02-2736-1386。另臺北、桃
園、臺中、屏東亦成立協會；新竹、嘉義、花
蓮成立聯絡處。

● 社團法人臺灣心動家族兒童青少年關懷協會

臺中市西區臺灣大道二段 285 號 7 樓之 1
電話：04-2326-5755

● 高雄市注意力缺陷過動症協會

地址：高雄市新興區中正二路 182 號 12 樓之 2
電話：07-222-2238

第三章

選擇需要智慧

　　人的一生有很多大小事務需要做選擇，包括選擇學校科系、社團、朋友、生涯規劃，選擇何時結婚或是離婚；選擇居住地、要買房子還是租房子、選擇投票給哪個政黨、候選人……

　　有時遲遲無法做出選擇，尤其當選項之間令人感到矛盾與焦慮時，例如兩個都想選、或都不想要、或該選項同時讓人有正面與負面的感受（雙趨衝突、雙避衝突、趨避衝突）。有些選擇怎麼選都沒關係，有些則很傷神，例如你愛的人，也愛了別人，還要跟他在一起嗎？婚姻不和，大人可以離婚，小孩無法分割怎麼辦？公司提供升遷機會，但是要遠離家鄉，要接受還是拒絕？有的人選擇的方向，是朝向可改善之路，有的人則沒有多想，只憑一時衝動，結果是越來越糟。

　　危機之後的發展，造成不同結果，究竟做什麼選擇，影響後來的趨勢？我們都是被時間、局勢、他人的意見推著走，當碰到事情，應對態度是經過深思熟慮嗎？把所有選擇攤開，分析比較之後才做出決定的嗎？有時候選擇的感覺像生死攸關，恐懼害怕無從決定，只有等腦袋靜下來，情緒平靜後，才能思考運作。

　　有句臺灣諺語「緊事寬辦」，人每天總要面臨許多大大小小的選擇，有些需要多思考一下，有些小事沒那麼重要。如果無法排出先後順序，所有大的小的事情都一視同仁，會耗損掉個人大部分的能量，人只會越來越身心俱疲。

　　有一個寓意深遠的活動叫「價值觀大拍賣」，這個活動是設計數十個價值觀清單，讓參加者透過競標的

活動，去思考自己要什麼。選項包括：安全感、自由、
穩定的報酬、健康、名聲、家庭幸福、良好的工作環
境……每人有 2000（自訂）的生命單位籌碼，每個價
值觀底價為 300，每次喊價不得低於 100，可以找零，
點數買完的不能再向他人借點數，以最高價者得標。

　　參與者依據自己的想法與喜好，決定自己是否參
與該項價值觀競標；活動中發現每個人思考的核心、
面對競爭的態度，與決定行動間的關係。有些價值觀
人人搶著要，但是手中的點數是有限的，遇到競標失
敗後的策略，是否會調整？因為人生難料，不會事事
如意，當遇到無法一一兼顧時的挑戰，會怎麼辦？

　　面對選擇，智慧思考、勇敢決定！

　　看起來是不好的開始，在有限的時間與資源中做

出智慧的選擇，是有可能慢慢扭轉局勢。妥善的選擇
是保護因子；陷入僵局中，雖然很多事情不是全操之
在我，但至少有選擇的範圍。逼己太甚，可能會走絕
路，或是玉石俱焚；因此從小就要訓練不要怕做選擇，
選錯了也沒關係，下一次就有經驗。

不放過自己的人是自己

　　不是說時間可以治療一切嗎？聽來時間似乎應該是萬靈丹，但這時間一晃已經五年過去了，想起分手的男友浩偉，曉玫仍是痛徹心扉。

既然這男人這麼糟，為什麼還要為他哭泣

　　曉玫是不折不扣的靚妹，是異性都會忍不住把眼光流連在她身上。但每次在我面前說起浩偉，總張牙舞爪，一把眼淚一把鼻涕，有時新開的整包衛生紙還不夠她用，說浩偉的可惡、可愛；說自己的真心癡情不值。曉玫個性撒起潑來，口不擇言的破口大罵，曾當街大罵男友是渣男，是只會下半身思考的牲畜。

　　交往前三個月，曉玫坦承非常喜歡浩偉，他個子高挑體態健美，體貼幽默，和他走在一起，擦身而過

女孩的羨慕眼神，讓曉玫揚揚得意。浩偉家世好、大曉玫 5 歲，收入不錯，經常到海外出差。在國內時，浩偉對她是頗體貼，幫她打掃整理家裡，幫她安頓飲食。這麼才氣有吸引力的男子，在國內曉玫當然明裡暗裡盯得緊；到了國外，浩偉馬上有各國妹主動貼過來，讓曉玫防不勝防。

　　曉玫無意間發現浩偉臉書上有讓人想入非非的留言，這個納悶憋在心底，等浩偉回國找機會偷偷點他手機，看 line，看 fb，查 email……看在眼裡，曉玫的嫉妒憤怒如火山噴發；曾經柔順依人的曉玫已經沒那麼好說話。

　　在國內，浩偉要去哪，曉玫一定會盤查到底，任何聚會要現場先拍照傳來；浩偉說和同事加班，曉玫會追問哪個同事？說去 K 歌，會去哪家 KTV 的哪個包廂？說跟朋友吃飯，飯局的對象是男是女？已婚未婚？多大歲數？都得一一報上來。

　　曉玫曾以為郎才女貌的兩人世界穩定甜蜜，卻發現事實不然。他出國才兩個星期，就跟別的女人肆無忌憚的曖昧不明，籠罩在被劈腿的疑雲中，曉玫痛苦

不堪。曉玫說：「我從小就得理不饒人，抓到別人的缺點，一定有辦法給對方難看到豎白旗投降。更何況是浩偉犯了天條！」

在交往之初，發現有其他女人和浩偉搞曖昧，曉玫從撒嬌的不依不饒，發現浩偉會陽奉陰違的虛應一番，越是激發曉玫不服輸的個性，存了心要給浩偉難堪，讓大家都沒好日子過。從手機開戰，再到浩偉公司主管告狀，接著對他好友們哭訴委屈，一心訴諸輿論引起公憤，意圖讓自己獲得別人支持並聯盟對付浩偉。

爭吵讓兩人分分合合，浩偉仍堅定說要在一起，對她加倍體貼，曉玫坦白說：「我對感情有潔癖，最討厭別人劈腿，我條件並不比他身邊的女人差，當然心有不甘，氣自己無法說分手就分手，既然他還想擁有我，當然我要多贏多爭點什麼優勢和保證。」

曉玫矛盾的搖頭：「我從來沒有被人劈腿過，我也知道才開始交往不久就花心不改，令人生氣的是自己明明心知肚明，這段感情已經蒙上了陰影，卻當斷不斷無法原諒。如果接受這段感情，那我以後是不是都要在劈腿疑雲中提心吊膽？」

　　浩偉不只甜言蜜語求和，還帶她遠遊歐洲，不眨眼的買各式各樣精品相送，闊氣和寵愛讓曉玫更捨不得放棄，但又不甘心就此棄械服軟，明知是在和自己嘔氣，只要看浩偉一點不順眼，就是要借機發揮把氣出在他身上，冷嘲熱諷刺激他，借此證明浩偉是100%的臣服於自己，不會和她計較，沒人可以威脅、動搖她在浩偉心中的份量。

明明是他對不起我，怎麼可以就這樣離開

　　終於，不知曉玫踩到了哪一條線，浩偉頭也不回的離開了。等了又等，浩偉不再回顧曉玫一眼；即便曉玫放軟身段釋放善意談和，浩偉視若無睹、置之不理。慌了的曉玫多方打聽，發現浩偉過他的日子，依然快意瀟灑。似乎身邊有沒有曉玫的存在，對他竟然絲毫沒有影響。

　　曉玫崩潰了，縱然是自己驕縱跋扈的態度有些過分，浩偉怎麼可以這樣對我？難道他所說過、所表現的寵愛，都是隨興所至隨口說說而已？如今回想，像銳利的刀，一次又一次的戳進曉玫的胸口；只是握刀

柄的人，是曉玫自己。

　　浩偉一走不回，不就代表她真的被劈腿男拋棄了嗎？五年過去了，這股怨氣卻依舊難消。為了讓日後的浩偉後悔棄她而去，曉玫嚴苛的挑選身邊的男人，一定要比浩偉強，不論是容貌、事業……然而曉玫身邊看得入眼的「好男人」，越來越少、越來越少……她就不信這個邪，世上真沒有一個比浩偉更出色的男人嗎？曉玫不認為是自己的高傲難搞，但青春怎麼就被匆匆蹉跎掉了呢？而對浩偉的愛恨交織，卻像野火燒不盡、春風吹又生。

是戀情無法割捨放不開？還是自戀被抵觸

　　當愛情還經得起胡攪蠻纏的時候，曉玫不是沒想過要不要原諒情不自禁放電成習慣的浩偉，又害怕原諒一開了頭，會步步輸，恐怕日後只能睜隻眼閉隻眼的縱容，自恃條件不輸名模，怎麼可以讓自己淪落到一天到晚得去爭寵的下場？

　　這是無法割捨，放不開手的虐心癡戀？還是過度自戀到唯我獨尊，忽略人與人相處的分際與基本相互

　　尊重。一開始發現事實並不如所想中的完美，曾冷靜
給了彼此什麼選項？還是重複陷在原地打轉，對困境
一籌莫展。

　　雖然獨佔是情侶的天性，無法忍受缺點，一旦犯
錯的人在對方眼裡便成為罪人，只好一天到晚玩「官
兵抓強盜」遊戲，在關係中轉成「我贏你輸」的權力
鬥爭，沒有選擇齊心創造「我們」接下來可以怎麼互
動的共同未來。

　　「會怎麼形容你們間關係的詞彙？」我問曉玫：「除
了拔河、角力、戰場之外，都沒有打算建立另一種樣
貌的關係？」曉玫搖搖頭，在背叛、自尊受損，受傷
後，她只啟動反擊。然而選擇把注意力、時間，投注
在洩恨這事上，脾氣越發越大，招致無法收尾。

　　沒有選項，是個人龐大的負面信
念所給予的設限。在感情中受挫的情侶
們，要正視負面的影響。

鬆動僵持，找到給彼此可以努力的方向

陷入僵局危機中的情侶，若能一起尋求專業心理師的諮商，給彼此雙方一段冷靜談談的時間，相信會很有幫助。情緒要適當表達，學習控制力道，若是如同火山爆發，萬箭齊發，對方不但招架不住，也只能抱頭逃生。受傷的一方需要被瞭解與同理。痛苦不是只有單方，整理彼此關係，對於感情的期待、瞭解後看彼此能否接納、修正相處的模式。

失戀後日夜反芻情傷，原地踏步，只會不敢往下走。療傷不只是為了修復，還是為了日後心裡比較沒有疙瘩，不被前任感情的陰影糾纏，看似分手了其實未了。若是真的選擇分開，也能祝福不在一起後的彼此；清楚了解後的分手，才能有助於開啟下一階段的新戀情。

法院也管太多了吧

爸媽離婚了。

爸爸帶敏欣離開臺南，在火車上，摟著女兒說：「敏欣永遠都要跟著爸爸，留在爸爸身邊，要什麼，爸爸都會盡量滿足妳。」

新「阿姨媽媽」和姐姐

5歲時爸媽分開，爸爸帶著敏欣北上去工作，媽媽帶著弟弟留在南部。只是，爸爸在北部的這個家，還有一個從沒見過的阿姨跟姐姐，她們跟爸爸很熟、對敏欣也算親熱。敏欣一開始很怕生，很擔心爸爸不再是她一個人的爸爸。爸爸卻說：「以後她們和我們是一家人，妳可以叫阿姨媽媽。阿姨的女兒，妳叫姐姐。」以前的家有媽媽跟弟弟，現在換了，要叫陌生

人媽媽真的很難叫出口，不叫又怕爸爸會生氣。爸爸還特別交代敏欣：「對別人要說，我們家有爸爸媽媽跟姐姐，一家四口。」

「那南部的媽媽跟弟弟呢？」敏欣好想他們。

「他們在南部，我們不會回去了。」爸爸說得無所謂。

敏欣覺得「阿姨媽媽」好好，不像南部的媽媽，管得比較多、比較嚴，例如幼稚園功課寫完她要檢查、晚上九點一定要上床睡覺、吃飯一定要坐在飯桌前，垃圾食物一個月最多只能吃一次，只准喝水不能亂喝飲料……

這個「阿姨媽媽」，敏欣坐在電視前看卡通邊吃飯可以、想吃麥當勞可以、吃披薩可以、喝可樂都可以、三餐愛吃不吃都可以、晚上想幾點睡就自己去睡……

阿姨媽媽常喝酒，有時候出去喝，有時候阿姨媽媽在家喝酒還會叫敏欣來喝看看，酒的味道怪怪的、又嗆又苦，敏欣不知道酒有什麼好喝的？有一次阿姨媽媽換了帶點甜味的酒又加了冰塊，敏欣咕嚕咕嚕一

杯下肚沒多久便醉倒沙發上，被阿姨媽媽拍起來，當成有趣事上傳到臉書，獲得數十個讚；阿姨媽媽還給爸爸看，爸爸笑笑沒說什麼，但敏欣覺得好丟臉。

爸爸跟阿姨媽媽比較好，他們都睡一起，不會吵架，跟以前和南部媽媽住的時候差很多。以前爸爸總是很大聲罵媽媽，媽媽邊哭邊回嘴，兩個人還會摔東西，敏欣只能害怕得和弟弟抱在一起偷哭。雖然來到北部，看不到媽媽，不知道媽媽跟弟弟他們好不好，雖然越來越想，但還是不要問的好，萬一爸爸生氣不要敏欣了怎麼辦？

離婚戰場延伸，被搶的孩子也會遍體鱗傷

兩年後，法院來了一封信，爸爸很不高興，說媽媽去法院「告」爸爸，連串幹譙後，抓著敏欣一再交代：「如果法官問妳要跟誰住，一定要說跟爸爸住，聽到沒有？聽到沒有？」

喝了酒的爸爸很激動，罵南部媽媽是潑婦告狀、死要錢的女人……敏欣很擔心，雖然還是想媽媽和弟弟，可是爸爸說如果敏欣被媽媽帶回去，她一定會用

小孩做藉口來要錢：「我死也不會給她半毛錢！」爸爸還指著背後的疤、手上的疤，惡狠狠的說：「看、看到沒，這都是妳媽打的、我一個大人都被打成這樣，妳一個小孩被帶回去，不被活活打死才怪，妳還敢回去嗎？」敏欣記得爸媽是會吵架、摔東西沒錯，但不記得媽媽會動手打爸爸，而且媽媽又矮又瘦。

　　出庭那天，敏欣跟爸爸到法院，進了一間很大的教室，法官坐在好高的台子上，敏欣不斷提醒自己：「待會要說跟爸爸住，媽媽不好，媽媽會打我、不給我吃飯、會把我趕到外面去、她很兇很壞，我不要跟媽媽住，我要跟爸爸住。」可是昨天「阿姨媽媽」把敏欣叫到廚房，拿了一塊好吃的蛋糕給她，還跟她說：「明天去法院，別聽妳爸的，不用怕，妳想怎麼說就怎麼說，照實講就好。」

　　一個小時過去了，敏欣從法庭出來，告訴爸爸，法官很和氣，有問好幾個問題，不是只有一個。爸爸有些緊張要敏欣快說。

　　「法官問我現在家裡還有誰住？家裡房間怎麼布置？阿姨媽媽對我好不好？我對自己媽媽的印象是什

麼？為什麼媽媽來看我，我都跑走？是自己想跑的，還是有人教我的？」

爸爸臉色鐵青：「還有呢？」

敏欣越講越緊張：「法官還問說，妳說媽媽打妳，是怎麼打的？為什麼打妳？爸爸媽媽是怎麼吵架的？妳都看到什麼……」敏欣越說越多，其實有些問題，她也不知道答案是什麼，就亂講一通。

一個月後，法院派了一位老師到家裡來，跟爸爸、阿姨媽媽還有敏欣見面。敏欣聽到爸爸跟法院的老師說：「婚都離了，為什麼不能從此分兩邊，各顧各的？我帶女兒，前妻帶兒子。各有各的生活不是很好嗎？探視？沒有必要，現在敏欣根本不想見她媽媽。」

敏欣其實一直都想看看自己的媽媽和弟弟，可是再想也不敢說，現在爸爸還有一個「姐姐」也是他的「女兒」，敏欣不想爸爸也被搶走……

爸爸比手畫腳對那個老師強調：「現在這邊，也有媽媽照顧、有姐姐陪敏欣，我給的所有物質條件都遠遠比南部生母能提供的好，孩子跟我就是最好的安排。我給孩子上私立小學、每年安排出國、報名學才

藝，這哪是越南媽媽可以給的？婚都離了，孩子一人
帶一個；這有什麼不對？更何況我已經有更愛的女人
了，法院何必介入人家的生活？安排什麼訪視？要什
麼社工？什麼程序監理人？以前的種種，一筆勾銷就
算了，哪有這麼囉唆的？拜託你們叫法院不要再來勾
勾纏了。」

為兒童最佳利益
法院有權為「未成年孩子」做出適合選擇

　　根據內政部的統計，2016 年國人平均每天有
146.4 對夫妻離婚，結婚未滿 5 年者佔 33％居冠，屬
於離婚「高危險群」；結婚 5-9 年者佔 20.8％次之。換
言之，結婚未滿 10 年離婚就佔了近 5 成 4。因為晚婚、
不婚、加上婚姻前 10 年屬於高離婚機率者，若是問候
初見面或許久未見的朋友有關婚姻的話題，極有可能
踩到地雷。

　　孩子落入離婚父母的拉扯中，沒有輸贏，只有更
輸。很多鬧離婚的夫妻，殺紅了眼後是顧不了這麼多
的，在爭取的過程中，甚至灌輸孩子很多離譜的內

容。孩子帶著疑惑選邊站，不論成為父親方還是母親方的人，終究不是完整的一家人。

　　幾年下來，或許比想像更快，孩子的身心會受到不良影響。如果同住的一方特別的堅持與強勢、無所不用其極。甚至不惜編造出對方莫須有的罪名，故意抹黑對方，阻絕與剝奪對方正常的探視。孩子將對於離異的親人，產生特殊的恐懼。

　　離婚父母親任何一方，對孩子灌輸不利的思想，仇視敵對的另一方，誇大自己所受到的傷害或是把孩子不好的行為，都歸咎是對方的基因、對方的錯誤所造成；孩子不再是孩子本人。透過父母的眼光，看到的是恨意與不良品。孩子的自我認同、自我形象，將產生大的破壞感，難以建立自信與自尊。

　　過度控制孩子，不准孩子與離婚父母任何一方自由互動、發展情誼，其實孩子能多個人愛也是好事，但是父母親把孩子視為自我的延伸，不願意孩子再與離婚的另一半互動，雖然是血親關係，卻成拒絕往來戶般的「黑名單」，大人的愛恨情仇，讓親子間無法和平相處。

「程序監理人」制度

　　國內第一部家事相關的法律「家事事件法」，在 2012 年 6 月 1 日施行，其中設計了程序監理人、家事服務中心等機制，透過社工、心理及法律專業的團隊合作，來協助法官審理與民眾切身、特別需要細膩處理的家事案件。

　　當父母親一方的情感堅持度高，好惡分明，尤其不是好好分手的情況之下，孩子礙於同住一方家長的喜好，無法自由選擇與另一方父母互動，在孩子的人生中，少了模範，足以影響未來親密關係互動模型，外人也很難插手協助，可能也是形成現今高離婚率或不婚的原因之一。家事法庭法官遇到這種殺紅了眼，

無法為孩子利益著想的離婚夫妻，有時會委託有經驗的心理師做親子關係互動評估與鑑定，仔細觀察孩子受父母雙方面的何種影響。愛之獨佔之，反而讓孩子無法同時擁有父母的愛，甚至要孩子透過去仇恨另一方，作為忠誠、愛的交換。

2012 年建立的「程序監理人」制度，法院請專業人士以兒童最佳利益，為 7 歲以下的孩子發聲。透過程序監理人的眼睛，看到孩子不能說出口的需求與意願，減少父母強勢干預，阻撓探視的惡性結果。

離婚夫妻能和平分手，為孩子學習成為「合作式的父母」對成長中的孩子是保護因子。孩子不用看到父母仇恨彼此的那一面，知道衝突有合宜的方式解決，而不是更大的破壞，一再延燒沒完沒了。反之，就算逼孩子選邊站，但仍無法消化關係撕裂後的作用力。不是因為父母離婚孩子就無法好好成長，而是因為父母處理分手的態度，彼此不節制的大力傷害。

分手是一時的，生活是永遠的

仇視帶來破壞的代價，往往遠遠超過建設；不良

關係也會透過學習，一代傳一代。孩子從小看父母吵架，甚至目睹暴力，容易產生心理不適應的症狀，包括依附關係障礙、害怕被拋棄、必須討好身邊人、缺乏自信、注意力不集中、人際關係不佳、易退縮。

久而久之對婚姻早早烙印了不良感受，長大後可能逃避婚姻，就算走入婚姻也是沒有信心。要相信，經過失敗的洗禮，就算離婚分手後，好好過日子，仍有機會找到更適合的伴侶，為人生下半場留後路，對大人及孩子，都能有更多的啟發與學習。

接班第二代說不出口的話

身體很誠實，不會騙人！

劉先生怎麼樣都還是半信半疑，這半年來，突然的盜汗、暈眩、呼吸不到空氣、眼前一片昏黑、心臟突然跳到 150 下，頭皮發麻，整個人都要昏倒了，叫 119 緊急送去急診，照了心電圖、心臟超音波，等了一天的結果，竟然是沒事？心臟是好的？血管也是好的？

我還不想「猝死」

醫生跟劉先生說：「你雖然主觀感覺心臟要跳出來、要中風了，血壓的確有高，但後來又降回正常值，呼吸有過度換氣的情形，但慢慢的也緩和下來，超音波心電圖都是正常的，所以你可以回家；若不放心，下週掛心臟科的號，好好全身檢查一遍。」儘管

醫生說得像沒事似的，劉先生無法平靜。因為活生生的眼前一片黑，吸不到空氣，這種感覺像是要死了，自己才 42 歲，孩子還小，說要死還太早，但猝死的話，誰會知道哪時候呢，一點準備都沒有。

　　劉先生不信，前後花了一個月時間，得知的結果真的是什麼心臟相關的的疾病都沒有，倒是有三酸甘油脂比較高一點，不過檢查後隔了三個月又發作一次，劉先生苦不堪言，發作老是在半夜，太太也沒辦法睡覺，只能陪著他跑醫院，這半年就是這樣起起伏伏的，一個月兩次，兩個月五次……劉先生自己開玩笑說：「乾脆搬到急診室旁邊，連救護車都不用叫，大家都省事。」

　　劉先生不相信他真的沒事，可能是機器沒辦法檢驗出他的毛病。他聽過有人突然頭痛，結果還來不及開刀就走了，是腦瘤。聽過朋友開車，突然喘不過氣，手扶著方向盤，車子慢慢滑到路邊，沒能叫起來。自己的父親過世的早，五十幾歲第一次中風，人就這麼倒下了；不敢說自己會長命百歲，但這個症狀來的時候，高頭大馬的劉先生瞬間會蹲下去叫媽，覺

得自己好微弱。

　　已經做過 3 套不同的健檢，醫學中心與專業健檢診所的都做過了。因為沒有發現有任何結果，劉先生開始求神問卜，大廟問不到滿意結果，再去小廟問。寺廟問完，換問神壇、問乩童，星座、八字、紫微、鐵板神算，米卦、鳥卦……無一不算，根本是慌了。當然也請了人來家裡看風水，風水師說要改門封窗、移房間、換床位……劉先生六神無主一一點頭照辦，事後被太太反駁阻止。接下來劉先生考慮改名字，但算命的說：「全家都要改才有意義。」劉先生一聽還真傻了，別說太太會跳出來反對，恐怕在小孩心中也會形象全毀，連高齡母親都擺不平。

　　當這些求神問卜全都嘗試過，最後有個醫生建議劉先生：「去做心理諮商吧，因為身心互相連動，互相影響。與其到處問神，亂作法事，甚至要改名，不如好好面對自己的焦慮感。」

如果沒有這些症狀，生活會有什麼不同

　　劉先生說：「我呢，會喝點小酒、菸抽得滿兇的，

擔任稽核會計，查帳這件事，是不允許有半點錯誤發生的，因為工作壓力大，報稅季節幾乎每天睡不到五小時。因為這個突然發作的疾病，常常中斷工作，如果沒有這些突如其來的毛病，我應該可以一直工作、一直做到死。」

劉先生原本所學是美術設計，個性浪漫，不是會計，但父親中風不得不在媽媽淚眼攻勢下接棒家業。本來對會計一竅不通也沒什麼興趣，在媽媽的惡補下也真學出名堂來。雖算是有了底子，沒想到事務所人員吃緊，他得身兼校長和工友，但若沒有全神貫注，一點小錯會全部錯，得重新來過。

劉先生繁忙中倒是很少抱怨。真正壓垮他的，是母子問題。爸爸過世後，不得不扛起家業，媽媽對他這個長子期待很深；在別人家是婆媳問題，在他們家是母子問題，和媽媽意見不合，常常大聲講話，媽媽不接受劉先生的意見，堅持不讓步，說自己在會計專業上比兒子有經驗，要劉先生聽話別頂嘴。

「我這個已經 42 歲的一家之主，在媽媽眼裡，卻像只有 24 歲、啥都不懂、初出社會的新鮮人而已。」

劉先生講不出口的話，便用抽菸來發洩，結果越抽越多。

心臟亂跳，是不是有什麼話憋在心裡沒有說

劉先生想了想，啞然失笑：「超想跟我媽說，可不可以給我空間，讓我自己做自己的事？」

「這是接班第二代不能說出口的話。」劉先生搖頭苦笑：「如果膽敢說出口，就鐵定被罵是不孝、不知感恩。可是明明我們這一代，跟上一代生活觀念、事業經營各方面可能都有差異性、不一樣。」

「接班對我來說，儼如被閹割，本來就心不甘情不願的被迫接下燙手山芋，又無法拋開。就算是家業，也是得家人齊心相互體諒，溝通協調嘛。天天都在累積無法說出口的不和與衝突，哪一天壓不住時，誰知道會從哪裡爆發出來？身體的確是很誠實，說不出口的話，真的會用生病來抗議。」

自律神經失調患者
通常嚴以律己一忍再忍，只好由身體說話

　　劉先生除了明確、較能對外人說的工作壓力以外，還有來自長期難以對外言明的家庭、經濟、人際關係……等，這些來自四面八方的壓力、煩惱，無法紓解，積勞成疾，找不到原因的不舒服。大家都知道身心互相影響，但不知道影響起來是這麼嚴重。

　　自律神經作用於身體許多器官，一旦自律神經失衡，對身體健康造成的影響層面是非常廣泛，適當的壓力是激發人類潛能的動力，但是，當壓力超乎自己所能承受的程度範圍時，便很容易引發自律神經的失調，於是越來越多事成了「說了傷心，不說傷身」。

　　「妳都不知道，當我媽變成工作上，一個權威至上、沒得商量的董事長時，有多讓人挫敗、頹廢！」劉先生說得有氣無力。白天的董事長，晚上的母親大人，當工作與生活無可劃分時，要另闢出口，不然無從宣洩的壓力，只好找身體較弱的器官發洩。與其說劉先生有恐慌症（統稱自律神經失調），不如說於公於私身分界線混淆不明，隨著年齡越大，越積越慌張。

30 歲以下跟 30 歲以上，個人的成熟度與自主需求不一樣，不能以「在媽媽眼中，你永遠都是小孩」這種觀念來看待。小孩若難有機會成熟、獨立，越老越依賴，越無法長大。

健檢檢查不出埋藏內心的諸多感受
尤其是那些說不出口的

以劉先生來說，不是事事都得經過母親的首肯、同意，才能自主的去處理事情，而是選擇通往成熟的道路，甘冒衝突的風險。劉先生想要獨立自主，只好冒犯權威，就算有衝突，惹媽媽生氣，才能拉出妥協的界線。這對習慣從小被要求「有耳無嘴」（台語，意為聽話就好、別有意見）的華人晚生後輩，很辛苦。不拉開彼此的空間，無法呼吸；拚命忍了十幾年或幾十年的，也不會更好。

身體警報症狀的出現，提醒當事人是該重新調整生

活的方式、處事步調，如果選擇繼續當乖兒子，已經讓人無法平穩度日到喘不過氣，就該提出勇氣，大聲說出：「媽！我已經42歲了，我要成為這個年紀的樣子！」

自律神經失調對身體的影響

精神方面的症狀

焦慮、不安、注意力不集中、記憶力降低。

身體器官及反應上的症狀

- 頭部：頭痛、頭重、偏頭痛。
- 眼睛：眼睛疲勞、張不開、流淚、視線模糊。
- 耳朵：耳鳴、耳塞。
- 口腔：口乾、口腔痛、味覺異常。
- 喉嚨：喉嚨發癢、吞嚥困難、喉嚨有異物感、壓迫感。
- 呼吸器官：呼吸困難、有缺氧感。
- 心臟：心悸、喘氣、胸悶。
- 消化器官：噁心、胃部發熱、胃部痙攣、胃潰

瘍、腹脹、便秘、腹瀉、消化不良。

● 泌尿器官：頻尿、殘尿感、排尿困難。

● 生殖器：外陰部搔癢、陽萎、生理不順。

● 肌肉、關節：肩膀痠痛、肩膀僵硬、關節乏力。

● 四肢：四肢麻痺、發抖、發冷、指間有電流感、
　感覺遲鈍。

● 皮膚、汗腺：手心腳底多汗。

● 食慾：不想吃東西、飲食需求過度。

全身的症狀

全身倦怠、很容易疲勞、暈眩、漂浮感、失眠、
淺眠、發熱。

自律神經失調引起的疾病群

恐慌症（過度換氣症候群）、心律不整、姿勢性低
血壓、心臟神經症、大腸激躁症、偏頭痛、肌肉緊張
性頭痛、蕁麻疹、口腔內異常感症、梅尼爾氏症、性
功能障礙、更年期障礙、圓形禿。

資料來源：中華民國自律神經失調症協會

很會讀書，就是不會考試

　　明明有在讀書，全哥的大學入學考，卻考了三次！

　　自幼借遍圖書館的百科全書，對於國立編譯館的老舊教材，全哥一直有意見；對於老師死板的教法與考試，只有公式般的解答，全哥難以適應。考試時要不是填錯答案格，要不漏答一大題，就這樣，全哥一考再考，最後終於吊車尾，總算有所大學可念。同學年齡比較小，不過相處起來，滿有意思的。

沒有被限制在考試的挫折裡

　　全哥沒有以自己是資深的重考生而自卑，也沒有因為年齡比較大，而不跟年齡小的同學互動往來。反而主動帶北部來的同學，去吃在地人才知的隱藏版美

食，鑽在地人才知道的小巷抄近路，玩在地人的秘境，被同學們稱為「人緣最好的本地生」。

　　成功擔任地頭蛇以來，同學們心存感念，在考試時想要幫他。全哥發現班上同學讀書方式跟他差異很大，別人是聚在一起讀書，他說這樣他讀不下；別人是筆記借來借去就可以考試，他說他看不懂。同學私下問是否要幫他準備小抄通過考試，全哥說這樣也不行；全哥叫大家都別擔心，他自己會想辦法。

　　同學發現全哥是天生的樂觀主義者，他說的想辦法，是把每本書都認真的 K 一遍，大家都吃驚了。全哥說他只有自己看過才看得懂，什麼筆記、小抄，對他而言都像無字天書。他喜歡做實驗，主動向教授報到，做實驗室的助理，別的同學是遠離教授，全哥則是與教授一起講實驗的心得，會興奮到眉飛色舞。

　　比同學年紀稍長的全哥，中學時因為無法聽懂老師抄在黑板的內容，呈現注意力不集中的樣子，被老師叫起來罰站，即使如此也無損於他對學習的熱愛。之所以對被責罵沒什麼反應，全哥說：「人生是自己的，我又不是為了考試才讀書，罵人的人才比較無

理，我不要為無理的人付出代價。」至於老師寫在黑板的重點，全哥覺得比他自己整理的還爛；被家裡要求去補習班，全哥是為了聯誼，他沒有辦法從別人的筆記整理，獲得絲毫的輕鬆。

喜歡動手做、喜歡問為什麼，沒答案就自己找

全哥常常到不同圖書館借一堆書回宿舍看。別以為全哥是書呆子，他也會揪人去打撞球或騎車跑山，日子過得很愜意。交過幾個女朋友，有分手的、也有等不到對方的答應被拒絕的，全哥都笑笑的表示：「有很好，沒有也沒關係。愛情嘛，得之我幸不得我命，為情所困就不必了；人家愛你固然很好，不愛你難過一下，天又不會塌下來。」

同學來找全哥訴苦，他就泡茶請同學喝；同學來憂國憂民、議論國家大小事，他也奉陪；同學養的寵物要拜託他養幾天，他不會拒絕。同學談天聊到全哥聽不懂的，他興趣高昂會追問，好像沒有任何事情會使他覺得無聊，一段時間後，大家才發現全哥的博學。

全哥說自己對學問很渴望，對於宇宙、人生很好

奇，只是對於考試不很會，終於等到以申論題為主的考試，他再也不用在選擇題的幾個選項之間想太多，反而被扣分。如果單用考試分數來看全哥，大概會認為他的學業成績只表現 30 分吧！

即便如此，全哥仍申請了研究所，研究所後又申請了不同領域的博士後研究。就這樣一路從醫學、醫學工程到毒物、植物等等，都做了深刻研究。與各領域的教授討論時，全哥自認是學問的追求與愛好者，不會因教授的學術地位受威嚇而膽怯。

博士後研究的課程，他毛遂自薦寫信，申請到加州 UCLA 繼續學習，學問的視野大開，帶著求知若渴的心與簡單的行囊就出發了。對於陌生環境，全哥把自己歸零重新來過，好像容器要清空，才能不斷有新的東西放進來。

面對許多未知數，全哥都笑笑的說：「遇到就知道怎麼辦，不要害怕失敗、頭過身就過，沒什麼好擔心的。」問全哥：「會不會擔心開口說沒人聽得懂的台式英文？」全哥大笑：「我只管說，如果有人聽不懂，我就再多說幾次，不然用比的、用拼單字、用寫的，溝

通是意願的問題，我才不要一開始就為這些小問題窮
擔心。」全哥根本就是無可救藥的樂觀。

正念減壓，選擇與當下共處

全哥不是沒有遇過困難，是選擇讓困難轉彎、然
後找到出路。

全哥自己無法忍耐「沒辦法」的困境太久；能夠
先解決的先做，能夠蒐集資訊的先蒐集，再來做判
斷，選擇可行的一步。時間要用在有意義的地方，思
緒空轉瞎耗還不如去睡覺；對一般人來說，碰到麻煩
沒解決恐怕是睡不著的。

全哥自己會利用打坐靜心，讓一切煩惱自討沒趣走
開，不特別去強求什麼，接受當下的狀態，答案慢慢就
會自己撥雲見霧的出現；就算無法立刻解決，也是有當
時可以先做的事。這樣的方式無法用講的，需要每天抽
出時間靜心體會。走路也可以，在一步步間，調和呼
吸，身體放輕鬆，糾結的情緒會跟著鬆開，打結的大腦
也會跟著鬆開，選擇與當下共處是最重要的。

全哥的方式跟「正念減壓」有異曲同工之妙，

1979 年美國麻省理工學院分子生物學博士，喬‧卡巴金（Jon Kabat-Zinn）結合東方的禪修，發展了「正念心理學」。除了在麻州大學醫學院開設減壓診所，這幾年到臺灣來推廣長期的靜心，能有效的改善焦慮憤怒等不良情緒，用正念禪修來處理壓力、疼痛和疾病，進而使大腦產生結構性的改變。這也是說學習正念、專注，能得到心識的清明，不再陷溺於憤怒、絕望之中，成為不受負面情緒綁架的人。

壓力、情境，都是一時的，人有智慧的選擇，能選出一個讓我們安身立命度過的方式，一關過一關。所有現在的、過去的、進行中的事物，都只是人生的一部分，不是全部。沒有非怎樣不可，全哥選擇不去緊抓煩惱，也拒絕情緒的綁架與勒索。不是因為他沒遇過壞的事情，而是選擇「拒絕停滯不前」。

第四章

沒了生命，沒了下一回合

　　自殘的危險因子在不同的個人、包括性別、年齡、發展階段或事件,有不同的力道與影響力。只是選項裡面有自殺的話,是走不到最後也看不到結果的。

　　自殺的原因很複雜,遇到挫折時,難免有想要死的念頭,自殺意念的升起,到付諸行動,並非無跡可尋。要在最後一根稻草促發之下,才赫然發現被忽略的堆疊危險因子早有脈絡可循。如果有機會改變,人們會在哪個時候,選擇改走不同的路?

　　一位二十幾歲男性個案告訴我,他失戀後跑去跳河,跳下去瞬間那幾秒,他馬上後悔。所幸跳下去後只受了點傷、命還在。被從水裡撈上岸時,他自覺這樣死了真的很不值得,對方已經不愛你,你還傷害自己更多,但沒用力一跳之前,他無法揮去「被拋棄不

如一死」的念頭。

　　想死與想活的矛盾，經常在拔河。想活拔贏了，日子繼續過下去，一旦想著結束生命，甚至有人事先計畫與佈局，在萬念俱灰或一時衝動時刻，死亡的行動就不是「想想而已」。

　　陷入困境時更容易把這備案選項落實，想死就贏了。如果在困境中，並沒有對該事件產生核心的價值觀重新審視，增強解決問題的能力，下一次遇到同樣類似的困境，仍然有機會再來一次。身陷困境中，再艱難也不要選擇出局，只要有心，每走一步的變化，可能累積無法想像的局勢扭轉。

　　嗜血媒體在還沒有被約束之前，常會誇張並大量報導各種死亡，把死亡過程寫在頭版，聳動的標題，

是媒體為死亡做了扭曲的註解，連帶影響更多在求死邊緣猶豫的讀者，一旦脆弱來襲，便有樣學樣的仿效。

　　如果媒體多報導遇到困境沒選擇自殺的人，他們如何走過死亡幽谷，也許會使在求死邊緣排徊的民眾多想一想是不是還有其他的挽救可能。當挫折降臨時，請把握失敗的啟示，檢視有哪些行事觀念會帶出好結果，多想一想身邊的親人的感受。

　　至親面對死亡已是情非得已，更何況是自殺。每個自殺者至少有 1-6 名的至親、遺族、好友，感到悲憤自責，甚至有生之年都走不出傷痛複雜的感受，又成為未來的一個危險因子。

　　我們希望可以活著看到事情被解決，自殺意念可以討論，自殺的行動就免了。當自殺變成挫折的選項

之後，當事人可能以為痛苦這樣會結束，別人會想念或是被懲罰。既然死都死了，什麼都沒了；這類想像都不是留給相干人的，對於生命，該有求死之外的選擇。

天災巨變過後

　　雖然面對死亡，人人平等；不過彈指間的劇烈搖晃，從此天人永隔，面對生死毫無心理準備……

　　2016 年 2 月 6 日，當天是除夕。

　　清晨 3 點 57 分，發生了規模 6.4 級的大地震。包括屏東、高雄、臺南、新竹、臺北都出現劇烈搖晃，多地傳出大樓倒塌的災情。截至 7 日凌晨 5 點，官方已出動消防人員 299 人，義消 292 人，消防車 96 部，救護車 43 部，兩隻搜救犬。

　　因地震倒塌的臺南維冠大樓社區，經過連日搜索，最終在 2016 年 2 月 18 日，確定死亡人數高達 115 人，生還者 175 人，其中 96 人受傷，超越了 1999 年 921 大地震，臺北市倒塌的東星大樓死亡人數 87 人，成為臺灣史上因單一建築物倒塌，而造成傷亡最

慘重的災難事件。

小年夜歡聚一堂，怎就成了今生最後的晚餐

三十幾歲的曹小姐在熟睡中驚醒，忙抱起睡在一旁的兩歲兒子，可是、連逃出臥房都來不及，就被坍塌的天花板壓住；身邊一片黑暗……29個小時後，曹小姐終於被探測器偵測到，在坍方下有微弱的生命跡象，但被瓦礫重重堆疊，壓得無法動彈。救災人員拚了命在與死神搶時間，搜救隊至少花了一天邊清理邊挖掘……不知經過多久的漫漫等待，曹小姐幾近絕望，不知道自己會不會是被抬出去的屍體之一。

小年夜的歡聚，曹小姐婆家祖孫三代齊聚一堂，公婆特別高興兒孫的承歡膝下，眼睛都笑瞇了；大伯一家三口特別提早回來，想多陪陪兩老；既然大伯都提前回老家，往年除夕當天才趕回家的曹小姐先生，也跟著帶妻兒提早一天回家。

曹小姐眼神渙散的回憶：「我的手腳，被垮下的天花板水泥塊壓到沒知覺，好黑啊、看不清周圍，原來抱在懷裡的兒子不見了，用力出聲叫人，都沒任何一

個家人回我一聲……兒子哭聲似有似無……他在哪？身邊什麼都看不清楚，我一直叫他、一直在叫，他一定嚇壞了，可我怎麼就起不了身？一直叫、叫到沒聲音、叫到崩潰……」

53個小時過去了，終於被救出後，曹小姐嚴重脫水，尿液的顏色已成黑色，娘家親人不只擔心她是否能夠康復，也擔心要怎麼告知惡耗：全家人，被挖出來的，只有她奄奄一息、有微弱呼吸心跳，其餘家人全數罹難！

拒絕、不認剎那間的天人永隔

住院期間，醫師一度發出病危通知，因為傷勢太嚴重，壓壞的手腳，跟保存生命，只能二選一，家屬拿到截肢的建議時面面相覷，娘家媽媽痛哭失聲。好幾個小時的手術，數月的住院，出院時，曹小姐看著沒有知覺、不能自主動作的手腳，不知道接下來的日子怎麼過？

每到天黑後，只要躺下，那一夜的陰影瞬間籠罩著曹小姐；儘管盡量逼自己壓抑恐懼，可是再細微的

聲音入耳，都會讓她驚嚇：「什麼聲音？什麼東西掉下來了？是又地震了嗎？」

只要閉上眼睛，好不容易睡意朦朧，轟隆巨響、劇烈搖晃就會鋪天蓋地襲來，恐慌、驚叫而起，讓曹小姐無法安眠入睡；床頭的全家福照片，想起先生和兩歲大的兒子，曹小姐的眼淚流個不停，她拒絕相信，明明已經被她抱在懷裡的兒子、小天使般可愛的兒子，剎那間就沒了……如果沒這場地震……如果沒早一天回去……如果……這麼痛苦，為什麼先生兒子都走了，留她獨活？

一年過去了，但每當黑夜來臨
夾雜水泥廢墟味道重現，讓人無法閉眼睡覺

曹小姐疲憊到神色空洞：「沒辦法再好好入睡，是因為我的黑夜，跟以前的黑夜不再是一樣的了……」

數個月又過了，就算白天復健很累，漫漫長夜，曹小姐再也無法闔眼入睡。恐怖的坍塌畫面、被埋瓦礫堆裡難以呼吸的窒息感，轟隆巨響斷斷續續、兒子似有若無的哭聲、連最後一面都見不到的先生……這

小年夜的大災難，倒塌的豈止房屋，最難過的是，歷劫存活下來的孤獨人，他們的痛，無以復加。

　　望著被壓迫過久、已經不能像往常一般活動的手腳，曹小姐自覺越來越悲哀，復健是為不忍娘家媽媽的淚水而做，醫生也不知道要等到什麼時候，微細的血管神經會再度會合……

　　「表面上看，是復健的痛讓我咬牙切齒，事實上，是想先生想兒子，對老天恨得咬牙切齒。並不感謝自己被救活了，失去先生兒子的巨痛、痛徹入骨，要我怎麼走得出來……」曹小姐白天跟不聽使喚的手腳搏鬥，晚上還要抗拒揮之不去的栩栩如生毀滅災劫的聲光畫面。

　　「日子很煎熬，不是努力假裝就可以擺脫掉的……人生都已經支離破碎了，常怨天，為什麼不讓我們一家三口生死相隨……跟著先生小孩一起走。可是，看著自己年邁的爸媽，明明背地裡哭得雙眼紅腫、神情憔悴，在我面前還要拍手微笑的時時鼓勵我加油，說今天有比較進步喔！」

　　時間一天天的過，在雙親寸步不離的照顧陪伴

下，曹小姐慢慢平復了下來。

「老天爺到底要傳達什麼訊息給我？即將40歲了，本想等孩子大一點，換大一點的房子，先生也同意我這獨生女兒接父母來同住。」晚婚的曹小姐談到好不容易找到情投意合的先生，有了幸福的小家庭，高齡懷孕順利產子，兩邊的老人家，多高興啊！

透過死神的眼睛，看到人性的脆弱與堅強

這次的臺南震災，有些受災戶的生命財產一夕間全數歸零；要不是各地的善款湧進，政府在短時間協調出補助發放時程與辦法，好些受災戶還不知道日子將要怎麼過下去？很多生還者，第一件事竟然是要辦家人的喪事。這樣大的天災地變，不論是人的心理建設、物資援助、倒塌大樓的重建，估計起來，談何容易？

「有天，我細細回顧震災發生後的所有新聞報導，我告訴自己，原來我也受了這麼多人的無私幫助。如果我走不出自怨自傷，怎麼對得起來自社會那麼多的善意？從事發後不眠不休的搶救、挖掘、送醫，到各

種捐款補助，讓我老邁的雙親不用擔心復健醫療費用的青黃不接，我不該辜負這麼多人的善心善意。」

心痛時當然可以哭，所有的眼淚都是好的 因為感念，所以珍惜

一開始，曹小姐曾經拒絕災後心理輔導的服務。不想再去回想，但眼前要如何走下去？茫然沒有方向，高齡雙親也束手無策。經過 3 個月定期的拜訪、會談，一起整理人生遭逢巨變後的何去何從，不敢面對承載的巨大悲傷，慢慢被化整為零了。

曹小姐努力復健，想要快點好起來，不再讓老父母夙夜憂愁，也想應該要回饋社會。她說：「我這條命，是社會救起來的，應該要把這個求生的過程，跟更多人分享。如果連我這般慘遭巨變的人都可以活下去，一定可以鼓舞在迷惘邊緣徘徊的人也能活下去。當什麼都沒有了，卻能透過好好的活著，讓先生跟兒子，一樣也能活生生的存在我心裡。先生是個好人，兒子才來世間兩年，他們不會這樣就消失殆盡；他們的生命，將透過我而延續在世間，我更應該要好好的

活下去。」

　　有了這個念頭，在面對大難過後，恐懼感慢慢化成力量，有了方向，生命不在乎長短。死亡真的很可怕，獨活下來的人更難以承受，但走過死亡之後，也沒什麼可以損失的了，往前走便是。

18 歲的句點

　　資優生小琦，在高二時經轉介來做心理諮商，一雙充滿靈氣的大眼睛，更襯托她的清秀漂亮，當時醫師診斷為她是憂鬱症。小琦的媽媽陪她來，提到跟先生雖然感情不太好，為了小孩才勉強在一起，沒有離婚，婚後一直吵吵鬧鬧，有時候先生會把在外的不如意，發洩在太太身上，都是小琦在護著媽媽。

孩子比媽媽更想離婚

　　先生跟媽媽是高中同學，當時很有才華，怎知畢業後工作跟老闆不和，經常工作做一做就不做了。後來酗酒，更沒有穩定的工作，靠著媽媽一個人要做好幾份工作。小琦很貼心，會幫忙媽媽照顧弟弟，也把自己功課照顧得很好，考上第一志願，是媽媽的欣慰

與榮耀。

　　沒有想到這學期，小琦功課有些退步，爸爸唸了她幾句，說不要考到私立的大學，家裡沒有錢，小琦當下就嗆爸爸：「你出去工作，不要一直喝酒，不就有錢了？」爸爸一聽整個爆炸，當下一巴掌呼下去，媽媽來不及擋，爸爸氣頭上完全失控，母女吃他不少拳打腳踢，膽小的弟弟急忙躲進房裡避難。

　　有天媽媽看到小琦深夜讀書念到趴在桌上睡著，攤在一旁的日記本上寫著：「人生18歲生日過完，就要劃下句點。」媽媽有些不安，卻不知該如何旁敲側擊才能知道孩子心裡在想什麼？媽媽認為高中少女難免胡思亂想，不把心思全放在課業上，才會寫什麼「自己可以選擇生命的終點」。但深思又覺得忐忑，想了想，還是給對小琦很關照的導師打通電話。

　　像她婚後為家庭、為孩子忙碌，一肩挑起一家四口的經濟重擔，根本沒有空亂想。結婚頭幾年，不知道先生的個性這麼懦弱，講他幾句還不高興。小琦小時候講話還不會那麼苛刻，偏偏越大越犀利，常常乘人不備時補上一刀，讓她爸爸立刻抓狂，要不是媽媽

攔得快，小琦三天兩頭難免被痛扁一頓。

　　小琦也會對媽媽講很難回答的話，每次家暴後，會憤怒的問媽媽：「這麼苦，為什麼不離婚？為什麼要養一個沒用的男人？真為了我們姊弟好，就趕快離一離，我不想再看到那個懦弱的傢伙。」之後，小琦都用「那個傢伙」來稱呼爸爸。

　　媽媽很矛盾，雖然口頭老抱怨，但心知肚明年輕時先生的帥氣模樣，剛開始認識他時，他也是有理想有抱負的，跟現在孩子面前的糟老頭判若兩人。其實才四十歲出頭，就老得像六十多歲的人，眼神混濁、彎腰駝背、成天醉醺醺的；酒後常亂講話，懷疑媽媽外面有男人，當著孩子面，大聲對媽媽吼叫：「這麼晚回來，是不是去賓館偷人？」或是在孩子面前要性愛，如果媽媽拒絕了，他就口齒不清的扯開嗓門大罵，吵到深更半夜，一家人不得安寧外，鄰居會報警。高中前小琦個頭瘦小、很忍耐，上了高中，對爸爸就不再客氣了。

**　　媽媽是否發現，看著她被暴力相向對孩子是種傷害**

　　「先生發起酒瘋是很過分，但不喝酒時，會幫忙做家事、買早餐、煮飯，人不能只看他的缺點，他也有好的時候。」媽媽對爸爸的忍耐，應該是有「愛」的。只是孩子對爸爸言行的解釋，不這麼看待。從小身為老大的小琦覺得就該要保護媽媽，長大後面對爸爸的無理取鬧、拳腳家暴不時上演，看到還離不開這種人的媽媽，怎麼不氣惱？偏偏自己是半大不小的孩子，心有餘力不足讓小琦更嘔。

貼心的孩子才有這說不出的苦
唯有選擇死掉，才能看不見聽不到

　　小琦難以理解在媽媽內心深處「待念舊情」的這種愛，反而急於想要撇開這種矛盾的張力。媽媽是否能夠體會，想死是要結束這種家暴與懦弱的惡性循環。若能由媽媽主動出面開始拆解，小琦也許不必因無力與無助，選擇用結束生命去終止這個循環。

　　媽媽或許不要一邊不停自怨自艾，一邊坐視孩子為她出頭，證明孩子是護她的；媽媽心軟不捨舊情，卻又把不滿抱怨給孩子聽，這是誰造就給孩子的混亂

人生？小琦眼見媽媽的委屈，硬是攔接下來，為了保
護媽媽，讓自己捲在家暴中呼吸不到空氣。不明就裡
的過度介入父母間紛爭，提早結束童年，一直擔負著
媽媽保護者的關係，持續壓力積壓了 17 年，讓小琦預
約死亡，想一了百了。

看似強勢能力的也是危險因子

17 歲這個年紀，小琦又是心思細膩的女孩子，讀
的是全國公認的第一志願高中，暗示著她的思考能力
比同齡者複雜，因為記性佳，美好的、痛苦的記憶都
並存著，消也消不掉。

不愉快的、痛苦的經驗，日積月
累持續，時間久了卻沒自動消失，大
腦對壞事容易記憶，日復一日的目睹
父母吵架、家暴不斷循環，對親情或
許有過期待，又被推回了混亂原點。
預約死亡的呼救好在是被媽媽先看到

了，還好媽媽沒看作是胡思亂想，給導
師打了通電話，否則就可能會變成視而
不見的危險因子；證明小琦在無能為力
下，死亡就可能成為她唯一可以結束痛
苦的選項。

不是「談死就會死」，其實避談死，會使我們更不
瞭解當事人受困的原因。青少年此時的發展階段想求
獨立，但能力尚且不足，因心結打不開而選擇一死百
了，多不值！人生不順心如意的事多如牛毛，若都不
好好了解，好好劃分，好好放開，怎知哪些是青少年
自己可以努力去改變的，哪些是大人們自找的人生。

預約死亡，表面看是想抓住死亡，更可能是對想
要找到活路的對外呼喊。不要把孩子呼喊的聲音置若
罔聞；也不要以為透露了想死的訊息，就是憂鬱或是
瘋了。造成這個局面的大人，有沒有勇氣一起坐下來
面對呢？

不少自殺者的遺族，在罪惡感與遺憾中無盡懊

悔：如果早發現早點做什麼，也許就不會發生這樣的憾事了。畢竟活著的時候，尤其是萬念俱灰時，不容易體察到身邊的人，是真的在乎有你的存在；避談死亡，並不會因此就減少危險因子。

給活人時間

「不要啊──」翰林聲嘶力竭，還沒講完，電話那頭已經沒有聲音了；翰林渾身顫抖打電話給爸爸，叫爸爸快去找媽媽。

變本加厲的疑神疑鬼

剛剛媽媽打電話給翰林，說了些前言不對後語的話，不知是不是喝了酒，接著又交代了一些事情，邊講邊哭，以前媽媽打電話來，從不分白天黑夜，有時噓寒問暖，有時哭訴，翰林不管手邊在忙什麼事情，都會跟媽媽說：「別想那麼多，都會沒事的。」這一回，媽媽不是想那麼多而已，還說：「我已經上頂樓了，翰林你好好照顧爸爸，對不起，不要怪媽媽先走一步，我、要跳下去了──」

　　翰林真的要瘋掉了，剛剛那通電話，媽媽哭泣，語無倫次說她活得很累，不停說對不起、對不起……媽媽就在翰林拿著電話慌成一團時，頭也不回的縱身跳向另一個世界。

　　爸爸很快來電，確認媽媽真的跳樓身亡了。爸爸沒有話可以安慰翰林，因為媽媽昨晚跟他吵了一架才想不開。如果翰林追問誰害死媽媽，爸爸只能承認兇手就是他，讓他自己來承受一切。父子兩人先後趕到現場，目睹媽媽摔死的慘狀。爸爸雖先到現場，翰林則是媽媽生前最後講到話的人，父子兩人在這件事上，同樣受到很強烈的衝擊。

　　翰林媽媽多年來一直有疑心病，更年期過後對先生常常變本加厲的疑神疑鬼，晚上超過十一點，若有女人打電話找先生，會一直追問：「你剛接誰的電話？」假日若爸爸獨自出門，媽媽會一再旁敲側擊問他去哪裡？有時夫妻倆一起出門，路上有女人主動跟爸爸打招呼，那災難又來了，媽媽會追查：「那女人是誰？」問到當街翻臉、拂袖而去。

　　翰林爸不是不想告訴太太，而是說什麼都會被一

再追問個沒完，像慣犯又被捉、被盤查個沒完沒了，
而且不管答什麼，都被曲解，然後被罵「越描越黑」。
說是以前的同事，就被問：「為什麼還有聯絡？是不是
以前就暗通款曲？」如果說是電話行銷，他也不認識，
就會被質疑：「那人家為什麼有你的電話？」翰林爸常
被氣到當下關機，卻又被唸：「我又沒說錯，你到底在
怕什麼？」翰林爸昨天就是忍不住了，跟太太大小聲，
翰林媽很激動，後來悶不吭聲就把自己鎖在房間裡。

　　媽媽的不對勁也有一段時間了，她堅持不肯看醫
生，爸爸一直容忍著，雖然知道這樣不是辦法，就算
好言相勸她也不會聽。翰林不怪爸爸，只是心疼媽
媽，爸爸傳說中的外遇都還沒證實，媽媽為什麼就急
著跳樓？更何況事後證實根本就烏龍一場！

　　媽媽這樣就跳樓，太令人崩潰了；對媽媽莫名其
妙死在誤判的事情上，翰林簡直無法面對。他都工作
賺錢了，如果媽媽常因生氣不想看到爸爸，還可以來
找他，又不是沒地方可以去。

　　「為什麼就對自己這麼殘忍？妳是在懲罰誰？」
翰林不懂，媽媽寧可天天 24 小時把焦點都集中在爸爸

身上，可是他不過是個普普通通的老男人，不是什麼出手闊綽的千萬富豪，除了媽媽，根本沒有年輕美眉會想倒貼他，為什麼媽媽這麼疑神疑鬼，怎麼講都不信！

媽媽過世後，父子相處還好嗎

在諮商室，父子兩人面面相覷，不知道怎麼開口說，爸爸低頭默默流淚。畢竟是生活了大半輩子的夫妻，不知道從什麼時候開始，夫妻再也無法談心事，但總還是生活伴侶，現在一個人生活，少了被疑東疑西，固然鬆了一口氣，爸爸仍愧疚，直向翰林說：「兒子，我真的不是故意要刺激她，但這麼多年來，一直被懷疑、講真話她也不信，那天，我真的只是被激瘋了，我快被冤屈憋死了、遲早我也會得憂鬱症。」

爸爸不滿的是：「都一輩子快四十年的老夫老妻，不知道你媽到底會把我想得有多壞，才能從 13 樓一躍而下。」翰林沒多說話，知道媽媽有時想法負面，對於父親在事發前一晚，不能對媽媽再多些忍讓，心中多少仍有怨懟。自從他退伍上班後，除了逢年過節很

少回家，這一次竟然是在這種情形下，搬回來跟爸爸同住。

自殺，讓家人不太願意向外人提起
也就無法正正當當的懷念

死者的家屬，被稱「遺族」，受到這麼大的衝擊，即使辦完喪事也不能掉以輕心，遺族常常回想哪一時哪一刻，做了什麼、沒做了什麼，對於死者有諸多感情上的糾葛，有想念、又憤怒，有愧疚、又有遺憾。也許很生氣，氣死者怎麼可以撒手就去死，不給大家一個機會；也可能很心疼，是不是自己一直沒有給對方想要的，是不是忽略了什麼？不少遺族是深陷在憤怒難堪中難以自拔。死者可以選擇一了百了，而活著的人到頭來似乎是被無所謂給背叛了⋯⋯

這樣的糾葛，會一再一再反芻，特別是在某些場合、時間點，會更加強烈。這會讓追思的情感懸在半空中，有人會反過來怪罪遺族，其實這都是不恰當的。有人將死亡變成一個掙扎的選項，通常不是突然之間的事；想要活、想要死，像蹺蹺板一樣，高高低

低，一念之差的衝動了結了自己，可能也害到遺族，
有生之年百般自責、不放肯過自己。

不會是單一原因，就輕易步上自殺

凡事早有些醞釀，而這些危險因子從沒有消失
過，直到最後一根稻草掉下來壓垮。翰林媽媽更年期
後情緒起伏跟過度懷疑有關，先生一直以「行得正、
做得直，隨妳怎麼說」的態度，可能會忽略妄想型疾
患潛伏期。以為自己做得正，便容易忽視親人其實需
要協助；只管自己問心無愧，一不小心就變成相處上
的防衛，無法及時拉住病人背後求救的訊息。

就算往生者是自殺，也請容許親人
可以想念，不是要去檢討親人之間，誰
最後做了什麼？說了什麼？追究誰給了
不當刺激？這種誰是兇手的檢討，不要
把遺族當罪人，這是對他們的同理。

　　遺族的年齡、對死亡的註解、與死者求死的理由，形成對死亡的感受與見解。不面對、不處理，日後也可能成為遺族的危險因子。以為挑選時刻跟隨自殺者，是種重聚團圓，仿效死者行為，視為一種認同；或是長期忍耐壓抑，沒學會處理錯綜複雜的情緒，若是心神一團亂，不管三七二十一，便以死作為終結。

　　遺族的經驗難與外人說個明白，不要輕率批評指責，讓死者被懷念時，可以不用被論斷是非；遺族的悲傷需要被包容、被時間撫平，感受可能不止一種，想要追究，也要學著放下；方法可以慢慢想，最重要的是給活人時間。

悲傷要過去，不是因為遺忘

　　這一年，卉雯媽媽洪太太來諮商 18 次了，從一開口就哭到不能自己，慢慢的也面對現實了。女兒是再也不會回來了，失了魂的老伴，卻再怎麼樣都不肯找心理師談談……

那天、下著大雨，那部車還搶黃燈

　　卉雯上班途中，才不過離家兩百公尺沒多遠，被同方向的搶黃燈轎車撞倒，卉雯連人帶車飛了出去。送醫途中，警方打電話到家通知，洪媽媽嚇到心臟都快停了；抓著還沒出門上班的先生衝去醫院。一路上洪媽媽喃喃自語不停求諸神佛，希望這個車禍只是皮肉傷、人還好…….

　　趕到醫院急診處，工作人員引領卉雯的爸媽搭電

梯往 B2 下去，而非是往急診室的哪一床走過去，媽媽直覺大事不妙，全身發抖。一直逼問陪伴人員：「要去哪？樓下還有病床嗎？」沒想到工作人員一指，是太平間。

爸爸腿一軟差點跪了下去，媽媽放聲大哭：「不要啊，怎麼會這樣？」蹲在牆邊哭天搶地，不肯進太平間。爸爸用力攙扶起媽媽，警察帶他們到床邊，拉開屍袋拉鍊，讓他們確認裡面的人是不是卉雯。

媽媽一抬眼人就昏過去了，爸爸全身抽搐、雙手撐著妻子，滿臉淚水的和警察對望。一臉的血肉模糊、鼻子幾忽被削去，爸爸指著橫在髮際的傷疤說：「這是我女兒小時候跌倒留下的，傷口很深、縫了快十針，痛得她哇啦哇啦直哭……」手腳都變形了，是被多大的力道撞成這樣？撞擊的那一霎，女兒會有多痛？多驚恐？爸爸心都碎了；衣服是早上穿出門的衣服，送給她當生日禮物的手錶，錶面破碎、錶帶被磨損到快斷掉……

一年過去了、兩年過去了

　　媽媽常去各大寺廟拜拜，求神佛引渡卉雯；也常看醫生吃藥，但最常做的，是愣愣的發著呆。爸爸總憐惜的問：「在想什麼呢？」

　　「在想，那天一早，哪裡做錯了？如果晚個三五分鐘叫女兒起床、如果堅持要她喝完豆漿再出門，還是多做個什麼耽誤她一點時間，上班遲到又怎樣？可能卉雯就會逃過死劫……」

　　媽媽原封不動的保留女兒房間擺設，每天一樣進去打掃，換季時一樣把衣服拿出來整理，床罩被套該換洗就換洗……爸爸重新整理女兒從小到大的照片、卉雯 facebook 的帳號也開著、手機裡的語音也留著，看著過去女兒的點滴，以前罵過他老了愛咳嗽還不戒菸，這麼胖不准偷吃肥肉……都變成有笑有淚的回憶。

　　表面上看，爸爸比媽媽堅強面對喪女之痛，但這兩年來，雖然一樣上班，體重明顯掉了很多，夜裡越來越難入眠，也不再跟同事或朋友出去摸個八圈，每天回家，大多窩在女兒房間。媽媽背地裡邊嘆氣邊拭

淚，盡量不要去打擾，她知道爸爸對女兒的思念並不
比她少。現在，也只有在女兒房間，可以感覺跟女兒
最靠近了。看到爸爸這一年來快速憔悴，媽媽不知道
該怎麼幫？卉雯剛出事時，同事朋友們來探視兩老還
滿勤的，慢慢越來越少。爸爸總會唸：「看卉雯的那些
朋友，好像看得到女兒的影子……」

「以前覺得先生是神經很大條的人、很開朗，獨
生女兒當然是心肝寶貝，突然走了，兩年快三年了，
我一樣捨不得……」洪媽媽說著又忍不住掉淚：「女兒
走了，剛開始先生還能安慰我、勸我，可是他卻在喪
女之痛中越陷越深，整個人從外貌到內心，都讓我陌
生到害怕。」

死別不由人，悲傷的釋放呢

悲傷的情緒，其實比憤怒更難宣洩。

對於悲傷，成年的男性沒有語言可以形容。悲傷
像個黑布袋，把人全身隔絕光源兜在伸手不見五指的
漆黑中，身邊再親近的人，都被推得遠遠的。

不論孩子是幾歲過世，蒙受喪子之痛的父母，媽媽可以歇斯底里大哭發洩，但爸爸身為男人，從小被教「男兒有淚不輕彈」，不擅長與悲傷同處，創痛積累無從宣洩，失眠、或借酒澆愁，或是拚命埋頭工作，只要能麻痺自己不要想就好，無形中也減少與身邊親人的相處，讓自己變得孤癖、封閉。

兩年不到，卉雯爸爸身體逐漸吃不消，不喜歡聚會的場合，拒絕參加有快樂氛圍的餐敘，婚禮、壽宴、彌月慶等一律謝絕，人越變越退縮，下班回家窩在女兒房間越來越久。

親情，純粹是累積起來生活的點滴。家人要多留意悲傷的父親，在他還沒走出悲傷前，別說：「人死不能復生、想開點、不要難過！」這類的話，會使父親

把傷口壓得更深沉，更無法開口。

　　思念家人的方式是聚在一起談，因為怕傷心而避開談，傷心只好流竄到別的器官，造成臟器生理上的疾病叢生。我們可以做的是，一起聽到、看到，天人永隔連接的是「超越形體的存在」。對死者有懷念、也同樣有祝福。悲傷要過去，不是因為遺忘了；是被好好的記住與懷念。

　　意外的發生，總在沒有任何準備的時候，一旦碰觸想念，心思依舊萬馬奔騰。沒有任何準備、無法接受、憤怒、怪罪周邊的人、恨自己、封閉、拒絕他人的詢問與關懷。白髮人送黑髮人的危險因子，更要注意！除了情緒上難以撫平的痛苦，生理上反應可能更直接。關懷健康的語言，就成了可以接上的話題。安撫了生理的痛，心理的痛就有機會介入；心理的痛被接住了，生理的痛，才會慢慢有起色。

第五章

絕地大反攻

世事發展是多元的。好的開始，不一定一路都會好到底。反之亦然。遇到壓力倍增的局面，受哪些因素的影響將看好或看壞？這些因素從內從外，時間進展的時程、與關鍵性的影響也有所不同。

壓力特異質模式（Diathesis-Stress Model），講的就是多因子的病理觀，包含生理、心理及環境的因素；三者互動共同影響。發展心理病理學的概念（Developmental psychopathology），則是在看病態長時間之下是如何發展的，它的走向如何受到各保護因子與危險因子交錯影響。

因為先天的體質與環境壓力事件結合，既不是單一個體質、也不是單一壓力便可以引發。換言之，先天條件無法預測，但後天的抗壓強度可以透過鍛鍊，提升抗壓力，

就算遇到同樣的壓力，不同人表現的結果不盡相同。

　　悲觀的人比樂觀的人更容易注意到負面的訊息，並以負面的方式詮釋，因此得到憂鬱症的機率大大提升。要悲觀的人改變思考模式，需要透過不斷的練習；如果一開始沒感受到不愉快，也就失去察覺的先機。不舒服被發現是好事，不舒服的改變不是消滅自己，而是提醒改變的認知。

　　人體預存許多厲害的潛能，平時並不會顯露出來，當遭逢巨變時，能夠幫助我們修復、並存活下來。年輕時體內幹細胞（stem cell）數量比較多，身體一旦遭受重大衝擊，器官組織機能受損，就會啟動自我修復機制，盡量回復原來應有的機能。隨著個體年齡增長，細胞會趨向老化，器官與組織之間溝通協調的能力和精密度會逐漸損耗。

　　分工越精密和需要高速傳導的結構，修復起來難度越高。人體的每個器官各有其使用年限，皮膚的老化影響觸感、光澤和彈性；大腦的老化影響記憶和思考；眼睛的老化影響潤滑、光感與焦距調節能力；肺臟老化會影響氧氣交換的容積和效率。人體 20 歲以後便開始老化，30 歲以後速度會加快，器官功能平均以每年 6.25% 的速度衰退，年齡越大衰退越快，到 70 歲時僅存剩 35%。

　　為了延緩對抗身體的老化，業界研發出各種醫療、醫美、運動、保健食品與用品的投入，絞盡腦汁來力挽狂瀾抗老。雖然身體是以歲數年輕復原力越強，但心理的復原力，不是這樣計算的。不一定是年輕受心理傷復原力較強，也不一定是所有人以類似的速值老化。

　　如果一個人是有計畫、有意識的鍛鍊，就沒有這

「心理傷復原力」的限制。就算同樣在不好的大環境中，承受同樣的困境，我們希望能成為善於突破，拆解地雷的人，就算一時間困頓難解，千萬不要就此倒地不起。別忘了這句老話：山不轉路轉，路再不轉，人轉！

　　發洩難免，但屬一時，思考與執行力卻是漫長的。近年來政論口水節目與網路興盛，多數人聚集謾罵取暖，酸言酸語，透過媒體教大家吐苦水，網路匿名強化了抱怨與攻擊的尺度。但這些於事無補，幾乎沒花力氣在思考「怎麼走出困境」是比較可惜的地方。

　　自殘也是一時的。包括酒精、藥物、網路成癮、憂鬱無法感受快樂，負面思考走不出來，嚴重時都無法自救，要靠專業的協助。

　　有人為了想轉移痛苦，只好用另一種痛來訴說。躲進

線上遊戲、酒精、毒品等成癮物質裡面，何嘗不也是在自殘？留下原來的老問題與衍生的新問題。不耐煩苦、隨口說的好無聊，都是在削減個人內在的保護因子。就好像把有用的幹細胞流失，需要時再也找不到可以補充的了。

　　臺灣近年來的社會教育環境，有多少是走這條削減個人心理素質的路徑呢？多數不喜歡讀書的年輕人，延宕時間留在廣設的大學裡，畢業出來還是找不到人生目標方向，茫然的成為晚熟世代，又茫然的進入婚姻與成為父母。環境的挑戰沒有少，但是個人因應能力卻趕不上。

　　人生順利的時候很好，不順利的時候，也不是不好。太多時候我們很怕原來的路途改變了。就算原來的生活不好，比起面對改變，未知更難以忍受。我們每天都在一點一點的不同中過日子，往往要停下來才會發

現，不同的點點滴滴已經帶領我們到一個境界。

　　不要怕跟以前不同，而是要更有意識的一起參與創造，帶著勇氣與信心，那些舛途可能也會變成一個華麗的翻轉格局。這就是『成長型心智』所提的概念：因為能接受變化，把挫折與調適當作常態，又把調適過後增加的新的能力納入。人因此在變動中成長，不是限定在固定的範圍內安逸。

　　人的情緒行為與意志更加複雜，不是好的開始就能一路好下去，而壞的開始也不見得以壞作收，端看這中間的各大變數與時間的作戰與拉扯。期待我們瞭解這個原則，更有意識，更能覺知，有意願的選擇調適之路，就算計畫趕不上變化，我們也能好好調適，走出不同的「柳暗花明又一村」。

情緒教育

　　不要小看情緒的威力。有一回一個大學女生小真，臉上笑笑的，講的卻是：「班上女同學叫我做事，喊東喊西的沒一點尊重，她們就是一群賤人，真想剁了她們。」明明很生氣，卻擺著笑臉；情緒惡劣，卻假裝沒事。

　　可以貼近小真自己想要表達的，例如：「我有些訝異，大家都是同學，怎麼好像把我看作奴隸一樣要為你做牛做馬？這樣不被尊重，恕我先行離開，冷靜後再說。」而不是邊做邊罵在心裡，臉上陪笑，內心想殺人。

　　我請小真重新講她的感受，調整過後，氣消了，再想想要怎麼面對同學。如果沒有先處理情緒，可能會在無法預料的時刻中，有人會被破口大罵，或自己

會想要逃避，甚至拒絕上學。

情緒教育是基本功

IQ 已經不是成功的保證，EQ 才是王道！在孩子的成長過程中，不是給 3C 電玩、吃好穿好、帶出國觀光，或是一週三次以上的補習，把孩子時間塞滿，就是安康快樂的保證。

父母能夠給孩子最好的，是能夠提供度過情緒風暴的安全感！能夠談論各種心情的氛圍，給孩子勇氣去承受情緒的起伏，教他使用生活周遭看得到、隨手可取得的「他山之石可以攻錯」引以為鑑，度過往後一生難免波折起伏的歲月。

大部分的大人與小孩之間的溝通很單向，大概是交代事情，很少問孩子怎麼想，感受到什麼，想怎麼做，結果會如何，很快孩子就長大了，未來就靠自己學習情緒的掌控與平衡。

當情緒來的時候，不想要被情緒干擾，就要學習瞭解察覺它的存在，它是被何事所引發？進而學會好好處理情緒，而不是壓抑或無視於它的存在。人被情緒卡住，就算有高度智商，也可能異常衝動，做出不合宜的舉動，要先學會處理情緒才不會自亂陣腳。

強烈的情緒引起的人體生理反應，太過紛亂、激動、興奮、緊張，容易演變成所謂的恐慌症、焦慮症、強迫症，若能試著面對這龐大的情緒，談開它，將原本不良連結的情緒鬆動轉化，這些症狀也會減輕或消失。

著名的 EQ 專家，高曼（Golenman,D.1996），將情緒大致分成 8 類，每一類有其他的子項。每一種情緒大致還可以分成正向情緒、負向情緒，或是複雜綜合的情緒。學習標出它是第一步。我們學習標示出情緒，作為對內對外溝通的字彙，而不是被問：「怎麼了？」只會說：「不知道，就是心情不好！」

負向情緒

● 憤怒

生氣、微慍、憤恨、急怒、不平、煩躁、敵意，較極端則變為恨意與暴力。

● 悲傷

憂傷、抑鬱、憂鬱、自憐、寂寞、沮喪、絕望，以及病態的嚴重抑鬱。

● 恐懼

焦慮、驚恐、緊張、關切、慌亂、憂心、驚覺、疑慮，以及病態的恐懼症與恐慌症。

正向情緒

● 快樂

如釋重負、滿足、幸福、愉悅、興趣、驕傲、感官的快樂、興奮、狂喜，以及極端的躁狂。

● 愛

認可、友善、信賴、和善、親密、摯愛、寵愛、癡戀。

複雜或其他情緒

● 驚訝
　震驚、訝異、驚喜、嘆為觀止。
● 厭惡
　輕視、輕蔑、譏諷、排拒。
● 羞恥
　愧疚、尷尬、懊悔、恥辱。

　　每天問問自己：「今天過得好嗎？好的事情舉出三樣，不好的事情，也舉出三樣，各有什麼感覺，你會想跟誰分享？誰會傾聽？」

　　如果暫時沒有人可對話，可以跟自己對話嗎？當然可以，請用開放式句子，而不是終結句。透過對話練習讓心被聽見，被瞭解。我們每天都會遇到大小事情產生情緒，若處於負面的，提早察覺它，也好早點處理，期待慢慢釋

懷。減少負面情緒為身心臟器造成壓
力，至少提供了一份保護因子。

韌性鍛鍊

　　韌性不是遺傳，就算啣著金湯匙出生，不一定有這個保護因子；所幸這是透過後天鍛鍊的。

　　我的母親今年 77 歲，在她 40 歲之前，就遭遇過兩次不好的婚姻，她從未因此一哭二鬧三上吊，也未曾自怨自艾，將吃的苦轉嫁到子女身上。

　　她不會用自己的苦，緊抓住子女做「情緒勒索」，限制子女探索人生，也不曾使用這些不良經驗，企圖干預子女婚姻的選擇。以前那個年代，婚姻若失敗了，對於女性投注的悲憐異樣的眼光明顯大過於男性，可是我勇敢又自在的母親沒有被此限制住，她會安排自己的生活與時間，我們做子女的也就放膽走人生的道路。

　　遇到壞的感情不用自怨自艾，但遇到好的，也不

要心懷擔憂不敢追求。我看到我母親在那個保守年代，感情上韌性的一面。

　　人們對於失敗、衝突或健康問題等逆境，人人反應不同；有的人不戰便先自棄，有些人則是堅持到最後，不輕言繳械投降。面對的態度不同，反應不同，帶來的處理因應也不同。哪些因素使人面對危機不逃走，他們熬過來的契機是什麼？

　　心理學家發現韌性不是與生俱來的，而是發生在一次次累積的失敗經驗中淬鍊而來，因為抵抗過挫折，反而能夠處之泰然。這些萃取出的素質，成為韌性的資源。

　　有韌性的人遇到危機，找到方向與策略，度過之後還提升了能力與自我滿意度。原來韌性的增強，是在一次一次的危機中面對它，不會給自己「不是你死就是我亡」，這種極端二選一的選

項，而是將視線轉移到較寬的視野，不陷入死結，趁此察覺找到有利的行動。

有這種韌性的人，可能是我們身邊的親朋好友，他們遇到事情，不輕言放棄，不論是生命、還是親情，關關難過關關過。

人一生至少會遇到一次重大災害，例如失戀、被背叛、財物損失、車禍、至愛離去、家人生病、遇到不公不義之事，大約有三分之一的人，遇到一件都還可以安然度過，也有人接二連三，就更需要超強的韌性。

已故的蘋果執行長賈伯斯，曾經講過最酷的經驗，是 1985 年被他自己聘用，來自可口可樂公司的執行長開除了，然而他依然努力，1986 年發展了 iOS 系統和創立皮克斯（Pixar）電影動畫公司。1996 年蘋果公司董事會決議把賈伯斯聘回擔任臨時 CEO，拯救正在垂死邊緣的蘋果公司。2000 年起成為正式 CEO，帶

領蘋果輝煌的 iPod、iPhone、iPad 時代的到來。回鍋
來管理之後，創造市值翻倍的蘋果。

成長型心智

美國史丹福大學的心理學教授 Carol Dweck，1970
年代起，做了大量有關成功的理論與研究工作。她研
究發現具有成長型心智模式（Growth Mindset）的小孩，
相較於固定型心智模式（Fixed Mindset）的小孩，可
以創造出截然不同的世界。

擁有成長型心智的孩子，能力具有極大的可塑
性，可以通過教育和努力提高。他們用樂觀積極的態
度去面對各種問題、困難和挑戰。擁有成長型思維的
孩子做事不易放棄，更能從過程中享受到樂趣，更容
易尋求幫助，更加堅毅，所以更易獲得成功。擁有固
定型思維的孩子認為，智力和才能是與生俱來的，是
固定不變的。他們還認為，如果你聰明又有才幹，你
可以不用努力就獲得成功；如果你失敗了，那就說明

你並不聰明，努力也沒法改變這一現實，所以他們選擇不努力，也就離成功越來越遠。這兩種思維模式在一個人的童年期和成年期逐步顯現出來，並在諸多方面發生完全不同的作用。

若欠缺成長型心智，總是採用固定型心智去面對問題，縱使能一時逃避，重複的錯誤仍會不斷發生，挫折感、壓力及自卑超過個人負荷或使用不當的方式宣洩，極可能導致心理、生理及社會問題。心智模式並非不能變更的，不只可以變更，甚至可以在短時間內改變。如果我們發現這個天大的秘密，且願意調整心智模式，是可透過自我練習來達成。不要再對自己說「我很笨、我不行、別人比較厲害」，轉成「是還沒成功，不是不會成功！我再試試看，給我瞭解看新的方法怎麼用，一定可以的！」所有努力嘗試的過程都會往成功鋪路。

Carol Dweck 教授在 2010 年後，以組織為研究對象，發現在成長心態公司裡的員工比較快樂，認為同事值得信任、對公司有向心力、認為公司比較具備創新和勇敢冒險的文化。這意味著，成長型心智的個人

與企業，有著比較高滿意職場環境。

　　成立於 2015 年的臺灣奧斯帝摩股份有限公司，董事長張安之先生經營企業就是以成長型心智、個人發展和社群合作作為公司成員的訓練核心。奧斯帝摩公司核心理念為「優氧助人」，提供身體缺氧所引起諸多問題解決方案。現代人常有缺氧問題，造成神經或血管退化，引起三高、疲累，甚至癌症等疾病。

　　張董事長秉持優氧助人的理念，注重成員共同制定與遵守公司的基本原則，致力培養個人自我決定的能力，以及社群交流與合作方法。因為公司最重要的資產是成員的能力，唯有個人高度發展，才不會浪費掉成員專長差異化所產出的巨大價值。

　　公司以成長型心智概念訓練年輕的企業領導人，可以自由發啟有價值的方案共同協作，面對新知識謙卑學習，對於自我的努力進化相當自豪，勇於學習熱愛挑戰，不怕快速翻新的任務，也沒有閒工夫內耗，才能產生比別人更優質的競爭力。公司開會前，都會要求先自行研究繳交心得報告，與事先看過別人的報告，才能進行高效率的會議，迅速組合多面向深度觀

點，彙整出重要結果。

　　這種態度保持謙卑，高度發展自我能力，不怕做錯，只要持續進步學習就對了。人才是企業最重要的資產，社群能夠討論出更棒更有價值的目標和策略，以及更有效率的作法，這些能力都需要能夠使用成長型心智，讓人們工作上「樂在學習，每天都在創作，能夠好好合作」，因此「樂在工作」能成為保護因子。

沉默非金，委屈無法求全

　　佳佳就讀國中時，在一次深夜遭受同住親戚的猥褻，她沒遲疑就起身去打電話報警，「有事等警察來再說」這個舉動，保護了她自己。

　　我們很少對親人報警，她的家人心軟說：「對親戚不要這麼狠！」這種隱忍心態，使得受害者挺身而出還要被質疑，也會讓加害人不知收斂。

　　沉默不會帶來改變，勇於呼救，可能會終止受害的命運，成為保護因子。溫良恭儉讓是美德，但若遇到壞事，不要讓美德第一個跳出來，而延誤面對與改變。沉默非金，隱忍並非美

德，委屈更無法求全，它使我們受害更
多次、創傷更深。

　　佳佳當時很迷惘，她還不知道走法律途徑會怎
樣，因為家人的態度不支持，心裡滿是恐懼、擔憂、
憤怒。受害者家人要有個觀念，與其怕撕破臉，不如
讓犯罪的人早點去面對法律，才有機會矯治，而不是
一再容忍姑息，只會讓受害者持續哭泣。

太強調自律，遇到壞事都會先「自我檢討」

　　我們社會的立法過程，是有人犧牲生命換來的。
遇到事情，不要沉默，不得已有人犧牲，以「死諫」
呼籲了大家的注意，但成本太大，常要等到最後一刻
被發現時已經死亡。

　　2017 年 5 月，作家林奕含的事件震驚社會，因為
她的自殺，喚起國人對狼師在補習班中可任意穿梭，
老師是否有不當意圖，藉機接近學生，趁勢騷擾。立
法院火速規定在補習班任教的老師不得使用藝名，要

採實名制，以減少曾有違犯性平法，有性騷擾性侵等不適任老師，轉戰補習班，鑽漏洞的可能。

　　2000 年，屏東少年葉永鋕國中三年級時，因女性化陰柔的特質，被同學長期性霸凌，上廁所時必須要錯開同學，下課前提早幾分鐘單獨去上廁所，最後一次，竟然倒臥死在校園的廁所裡，是誰欺負他？至今沒人敢承認！

　　他的死亡事件，引起社會大眾對於性別教育的討論，使得 2004 年「兩性平等教育法」改為「性別平等教育法」，教育政策也從兩性教育，延伸轉化成為性別的多元教育，以保障所有學生不再被性霸凌。

　　1993 年婦人鄧如雯，因不堪長期被先生暴力與精神虐待，還被威脅娘家妹妹可能會被先生性侵的恐懼之下，犯下殺夫案，她殺死了長期施暴於她及娘家的先生，換來司法單位重新省視，促使「家庭暴力防治法」於 1998 年 6 月 24 日立法通過，使中華民國成為亞洲第一個有「家庭暴力防治法」與民法保護令的國家。

　　鄧如雯當時若不是因為被性侵，家人反而要她將就嫁給強暴她的人算了，開啟了一連串沒被阻止的暴

力，長年下來，累積成鄧如雯殺人為止。阿鳳是個命苦的女人，每一任先生都會打她，每每最脆弱時就選擇逃跑，往往遇到的下一個，都沒有比較好，又開啟一段新的折騰歲月。被第三任先生施暴時，阿鳳說出：「想殺了他！」說真的，我相信會有越過界線的那麼一天。

　　當一個弱勢者，連命都不要時，真的不在乎一切了。這些戰戰兢兢如臨深淵的日子，是怎麼熬到忍無可忍的？除非有社福單位作為後盾，提供受盡委屈的個案能暫有安身之所，才能不用無止境的掩埋委屈，活埋自己！

　　各縣市政府的家暴暨性侵害防治中心，每天都有輪值的社工，對於遭受家暴、性侵害、身心受創的民眾，提供緊急安置服務，後續連結法律與心理諮商資

源。如果是未成年的兒童青少年受到虐待，社會局肯定會介入，阻擋下一步受害，開口說、不隱忍，成為一勇敢的保護因子。

善用支持網絡
培養過渡期的好習慣

　　心理學家多年研究發現，遇到慘況還能安然度過者，靠的是樂觀的態度、堅強正向的信念，及與貴人保持有意義又穩定的關係。貴人指的是重要他人，廣義來說，也包括支持的網絡團體。

　　支持網絡是很重要的保護因子，不論困難多大，學習好的因應方式，丟掉僵化與絆腳石，打破惡性循環，善用求助管道，真心尋找，會發現助力就在身邊。我們不是單獨受困於一個困境中，困境之所以會消失，並不是全靠他人幫忙解決問題，而是知道自己不是孤軍無援的奮鬥，有了應戰的力量，便願意多花一些時間、心思來與困境周旋。

　　很多基金會或協會是為了服務特定對象而成立，例如家扶基金會、善牧基金會、兒福聯盟、現代婦女

基金會、罕見疾病基金會、生活愛心調適會、康健精神基金會、憂鬱症關懷協會、犯罪被害人保護協會……從名稱可得知服務的對象。每個基金會或協會帶領的活動非常多，給予需要協助的人一時的指引，等受助者有能力時，再回饋給需要的人，在良性的啟動與循環之下，互相回饋與幫忙。

民間有很多善心人士自發性的給予協助，不是只有捐錢，而是有意義的提攜，例如扶輪社的「生命橋樑助學計畫」。瑞安扶輪社創社社長馬靜如在 2014-2015 年度擔任地區服務主委時，推廣「生命橋樑助學計畫」，主要以輔導大學生進入適合其天賦的職場為目標，鍛鍊這些清寒大學生能有一雙可以飛得更高、更遠的「隱形的翅膀」。

這項計畫推廣三年以來，超過四十個扶輪社，贊助 27 所大專院校 450 位清寒學生，贊助的總金額超過兩千萬。各贊助計畫的扶輪社，指定相關行業的社友，作為學生的「生命導師」，將自己的親身經歷傳授給學生。課程內容為協助學生「自我探索」，培養獨立生存能力，業師親身輔導，釐清夢想與擬定職涯發展

方向，協助大學生們在邁入社會前，有方向感，逐步
踏實。正所謂「與其給他吃魚，不如教他如何釣魚」
的長期有效支持。

人多少要學習獨處，好好的跟自己同在

為了擺脫低潮時刻，常常忍不住的使用對抗焦慮
的物質與方法，結果產生更糟的副作用；例如抽菸、
喝酒、吸毒、無法自控的成癮，如網路遊戲、購物、
性成癮……當情緒低潮時，控制力相對薄弱，無法理
智分析，那時更容易被吸引去參加不良的團體，雖有
支持但對走出困境卻不一定有幫助。

培養能投注心力的嗜好，在嗜好中獲得樂趣，甚
至有些還能改變大腦的迴路，降低焦躁，提升免疫
力。今年 90 歲的臺南奇美實業創辦人許文龍先生喜好
音樂，不但收集世界名琴，並且樂意將名琴外借給年
輕音樂家。2015 年青年小提琴家曾宇謙當時就是借用
了奇美珍藏的名琴，拿下柴可夫斯基國際音樂比賽大
獎。許文龍先生也是音樂的實踐者，每週在自己家有
音樂同好者以樂交流，彈奏樂器、唱歌，不但身心平

衡，還能減緩老化。

1943 年臺灣第一家民營機械廠、臺中楊鐵工廠，生產脫殼機，董事長楊日明憑著對機械的狂熱，自行研製馬達、電扇零件及車床，一路研發到 1967 年，楊鐵開發國內第一台高速精密車床，奠定臺灣自動化機械基礎；之後又陸續研製成功 CNC 車床、綜合削切機、堆高機、彈性製造系統，帶領機械業進入電腦化時代。

七十多年來，企業經過多次起伏興衰，1997 年第一次工廠重整，今年高齡 85 歲的楊日明董事長，自 65 歲那年開始自修油畫，是黑手、是發明者，也是企業管理者，在人生最低潮的時期，開啟了自學的繪畫生活。是顏料與色彩的見證與陪伴，讓老董度過難以言喻數十載的人生起伏。

大家的時間都是一樣的，不是拿來做這個、就是做那個，久而久之，時間就會表現出不同的顯性成果。我的過渡期習慣是寫書法與游泳。小學三年級開始寫字，特別喜好隸書，直到大學期間，一寫可以寫三個小時。游泳則是開始工作之後的習慣，不分冬季

　　夏季，長年都游。二十幾歲時曾兩度橫渡日月潭。對
於從事複雜的勞心工作，這兩個靜心平衡的習慣，讓
我產生了自我療癒的力量，使紛飛的思緒穩定下來。

　　能把樂趣跟工作結合，也是一大保護因子。十年
前來到臺南，發現南臺灣的達人與奇才不少，他們除
了自己的主業之外，善於分配時間，把時間用在樂趣
與喜好，最後成為一方霸主。

　　南寶樹脂 NOVATEC 自行車隊代表郭志堅先生，
他今年 54 歲，是一位早餐店老闆，平時熱愛騎自行
車，一年 365 天至少有 300 天都在騎車或是比賽。
2009 年起，已經蟬聯三屆的「登山車」與「公路車 50
歲組」的總排名冠軍。因為熱愛所以持續，這股熱情
與實踐，不知不覺帶領自己度過不能騎車時的人生低
潮。郭先生曾治療 C 肝，打干擾素半年，治療有其副
作用，體力下降，隨時會昏倒，無法預期康復的時
程，因為有熱愛的嗜好，也就不以為苦。治療完畢後
復出江湖，又是一尾活龍。

　　美國游泳好手菲爾普斯（Michael Fred Phelps II），
人前看似光彩，也曾經迷失過。2009 年，沾染吸食大

麻酒駕等負面新聞，重返運動舞台，靠的是有意義的
支持網絡，是他所愛的人的不離不棄。遇到低潮時，
他爸爸回來看他，他的未婚妻一直鼓勵他，菲爾普斯
的小孩也出生了，成為人父，找回動力。人生有失落
有獲得，所愛的人不曾遠離，支持與感情聯繫，成為
最重要的加油。

你瞭解自己的嗜好、喜愛嗎？在
不同的時間差，創造出不同的內在世
界。也許外在環境一時之間無法有大變
動，但內在世界的豐富與平靜，是可以
努力的。

人生的低潮在誰身上都會發生，
一天 24 小時你我也都一樣多，能夠找
到有意義的支持網絡，時間不會白白消
耗，是很好的保護因子，也是絕地大反
攻的要件之一。

後記

面對的角度不同了
結局也會產生改變

　　原本我的個性是慢吞吞、謹慎求全，怕犯錯，不敢冒險，卻慢慢被琢磨成另一種樣子。

　　父親生病後，在醫院上班的我，理當成為照顧者，在父親往生前兩年，改變了聚少離多的父女關係，父親中風後努力不懈的規律運動，幾乎復健到人人讚嘆與驚訝的水準，他還是不滿意。常說：「怎樣會全部好起來？」他沒有抱怨，每天去走操場，把原本的啤酒肚走到完全的平坦結實。我父親不擅長說話，容易被人誤解。在父母感情失和中，我也被動的捲進這個三角，替媽媽感受、替媽媽說話。終於在父親往生前，看到他們和解。

　　出國深造，對年輕時的我是個奢華的夢想，不敢想。1995 年父親往生後，若有所失的接受劉珣瑛醫師

的鼓勵，1996 年申請到馬偕醫院公費，工作後還能留職留薪出國，有充分的經濟支援，離家無後顧之憂，專心學習，從內而外的脫胎換骨，對於服務個案的作法想法，更有創新理念。如果沒有一開始願意試試看走不同的路，後來也不會發生這樣的變化；有時變化的發生，一開始看似沒什麼，後來卻招致能力的躍進。若是再遇到挫折，不會跟以前一樣。也意味著，程度可能會再更提升。

　　馬偕是我第二個家，沒有離開馬偕，離開臺北，相信我也不會開業。離開醫院的保護傘，開業之後又是一條無止境的挑戰。感謝人生前半段帶給我良好基礎的家人、同事、好友，啟發了我對世界的好奇，給我信心給我力量。感謝開業後給我大量挑戰的同仁，讓我確認管理是門艱深、有難度的工作，重新修正後再出發。感謝現在一起共事的伙伴，因核心理念接近，同行時彼此提攜、照顧與鼓勵。感謝先生，我們的性格幾乎是極端的兩邊，完全不同，還能找到相處之道，異中求趣。

　　感謝我的個案，勇敢的走進來，讓我們有機會一

起檢視人生一路顛簸中，所有的危險因子與保護因子。危機是個扭轉點，以前看不到、被忽略的點，有機會再被盤點。因為面對的角度不同了，結局也會產生改變。以前也許尚未發揮的自我建設的保護因子，現在有機會嶄露頭角，了解我們是有選擇的。

發展是一條未知但充滿各項變數的道路，我們善用身邊的資源，結合個人的強項，不到最後不要輕言放棄，在保護因子與危險因子的蹺蹺板中，看清局勢殺出一條道路。

如果被一開始的困境嚇跑了，也就不會體驗到這峰迴路轉過程的精彩之處。正因為人生有太多難以預料的事，平順平安也好，困難挑戰驚心動魄也好，與其想太多，不如起而行，走過便是。

幸福生長在曲折離奇中，需要花時間發酵

幸福不會以平白直敘的方式呈現，幸福生長在曲折離奇之中，幸福需要花許多時間發酵，壞運逆轉過程需要耐心。人生沒有絕境，任何事情都有解決方法。我們可以學習欣賞歲月如何強化古蹟的美感，欣

賞斑駁外表，欣賞自己的能力，欣賞別人的長處。我最喜歡出自聖經的諺語 blessing in disguise「偽裝的祝福」：

　　原則上禍福、苦樂、愛恨本是一體存在的，有些人生大戲一開始先上演不好的、糟糕的、不幸的歷程，那都只是前半場。我很欣賞高僧千利休發揚的『侘寂』美學，枯寂是綻放的背景，沉住氣耐心等，就會見到美麗的楓葉、火紅的櫻花、精彩豐富的下半場。

　　幸福要細火慢熬，轉折三次，方才降臨。因此我們要記得：幸福三次方！

國家圖書館出版品預行編目(CIP)資料

幸福三次方　逆轉勝的人生故事
/羅秋怡作.
-- 初版. -- 臺北市：大塊文化, 2017.09
　面；　公分. -- (Care ; 52)
ISBN 978-986-213-822-9(平裝)
1.心理諮商 2.通俗作品
178.4　　　　　　　　106013870

CARE

Good Care ,
Good Living

CARE
Good Care ,
Good Living